Bettina Canzler

Die Schurken mit den Gurken

Fantasievolle Spielgeschichten
für Kinder ab 3 Jahren

Für Johannes & Florian

Bettina Canzler

Die Schurken mit den Gurken

Fantasievolle Spielgeschichten
für Kinder ab 3 Jahren

Alle Kopiervorlagen auch als Download unter:
http://www.verlag-modernes-lernen.de/pdf/zusatzmaterial/B1269_Material.pdf/

Veröffentlicht in der Edition:
verlag modernes lernen Borgmann GmbH & Co. KG
Schleefstraße 14
D-44287 Dortmund

Gesamtherstellung in Deutschland:
Löer Druck GmbH, Dortmund

Titelbild: Christiane Strobach

Bestell-Nr. 1269 | ISBN 978-3-8080-0785-3

Inhalt

Einleitung

„Mein Sohn mag nicht Balancieren, nicht Trampolinspringen und hat Angst, von einer niedrigen Höhe zu hüpfen." So kann eine Problembeschreibung aus Sicht einer Mutter im Rahmen einer ergotherapeutischen Anamnese aussehen. Als Ergotherapeutin möchte ich mit diesem Buch einen möglichen Weg beschreiben, wie Förderung mit Fantasie und Freude versteckte Ressourcen bei Kindern wecken kann. Kinder haben bekanntlich viel Fantasie. Ein Ziel dieses Buches ist es, diese Stärke zu nutzen. Nach meinen Erfahrungen tauchen Kinder oft intensiv in fantasiereiche Spiele ein. Es macht viel mehr Freude, über eine Bank zu balancieren, wenn sie eine Brücke zwischen zwei Inseln darstellt. „Nun springe doch einmal auf einem Bein durch den Raum!" Viel spannender klingt doch: „Wie kommst Du vom Festland zu der Insel? Siehst Du die kleinen Steine im Wasser? Auf jedem Stein ist nur Platz für einen Fuß." Kinder, die Freude an einem Spiel erleben, wachsen oft über sich hinaus. Motorische Übungen, die vielleicht noch nicht gut gelingen, werden mit angenehmen Gefühlen verknüpft und so auch häufiger trainiert. Das Lob des Erwachsenen sowie die intrinsische Motivation sind wichtig für den Fortschritt. Eltern sind oft erstaunt über die Fortschritte, die ihre Kinder in kurzer Zeit gemacht haben. Ein großes Ziel der Therapeuten und Erzieher ist es, den Kindern Freude an der Bewegung zu vermitteln. Einige Anregungen für diese Aufgabe möchte ich mit diesem Buch geben.

Ideenfindung

Die Spiele sind im Arbeitsalltag entstanden und haben sich mit Hilfe von Kollegen, Praktikanten und anderen Berufsgruppen wie Erziehern weiterentwickelt und modifiziert. Eine wesentliche Rolle spielten natürlich die Kinder, die oft die fantasievollsten Ideen haben. Sie haben durch ihre Reaktionen und ihr Verhalten während der Geschichten starken Einfluss genommen. Auch bei der Beobachtung der eigenen Kinder entstanden immer wieder neue Einfälle. Es wurden verschiedene Themen für die Geschichten gewählt, wobei Wert auf einen kindgerechten Ausdruck und einen Funken Humor gelegt wurde.

Weniger ist mehr

Diese Devise zieht sich wie ein roter Faden durch das Buch. Mehr Material kann immer eingesetzt werden. Doch mit wenigen Dingen lässt es sich einfach fantasievoller spielen. In der Spielbeschreibung finden Sie Materialvorschläge, die nicht alle umgesetzt werden müssen oder die ergänzt werden können. Kinder benötigen zum Beispiel nicht unbedingt eine Kinderküche mit allen echten Utensilien. Oft reichen Bausteine, ein paar kleine oder große Kisten und Deckel für ein Kochspiel aus. Kleinere Kinder werden eher nicht behaupten, dass der Baustein kein Ei ist, der in der Pfanne (kleines Holzbrett) auf dem Ofen (kleine Kiste gedreht) gebraten wird.

Einsatzmöglichkeiten

Die Spielgeschichten sind für Kinder ab 3 Jahren geeignet. Jedes Spiel kann in seinem Schwierigkeitsgrad gesteigert oder auch vereinfacht und so dem Förderbedarf und den Interessen des Kindes angepasst werden. Bei den Spielbeschreibungen wird zunächst von einem Kind ausgegangen. Der Abschnitt „Variante Gruppe" beschreibt bei jedem Spiel, welche Möglichkeiten oder Anpassungen für Gruppen bestehen. Die Spieldauer ist bei jedem Spiel variabel und von vielen Faktoren abhängig. In der Einzeltherapie kann auf das Kind individuell eingegangen und so zum Beispiel bei einer kürzeren Aufmerksamkeitsspanne das Spiel angepasst werden. Der Spielleiter einer Gruppe plant sein Therapieprogramm entsprechend der Möglichkeiten der teilnehmenden Kinder. Natürlich können auch kurze Aufwärmspiele oder Entspannungsgeschichten ergänzt werden.
Die Abschnitte „Variante Kinderzimmer" und „Variante Spielplatz / Garten / Wald" geben Hinweise für die entsprechenden Spielorte. Jede Spielgeschichte kann ähnlich oder leicht abgewandelt an jedem dieser Orte umgesetzt werden.

Für Eltern

Die Spielgeschichten dienen in erster Linie als Ideenschatz für das Spiel mit den Kindern, um zum Beispiel Freude an sportlicher Betätigung zu vergrößern.
Zusätzlich können Eltern die Spiele nutzen, wenn ihr Kind beispielsweise Hemmungen, Lustlosigkeit oder Defizite im motorischen Bereich zeigt. Wenn Therapiebedarf laut ärztlicher Meinung besteht, kann das häusliche Programm durch die Übungen in Absprache mit dem Therapeuten eingesetzt werden. Kognitive Übungen können bei vielen der Spiele zusätzlich einbezogen werden. Eltern müssen nicht immer ihre Kinder von einem Event zum nächsten chauffieren.
Es ist oft das Größte für Kinder, wenn sich Eltern für sie Zeit nehmen und mit ihnen spielen oder sie spielen lassen. Der Material- und Zeitaufwand der einzelnen Spielgeschichten ist jedoch an die Möglichkeiten im häuslichen Umfeld anpassbar. Oft verselbstständigen sich die Spiele nach anfänglicher Begleitung und die Kinder spielen ganz vertieft.

Für Erzieher und Pädagogen, Übungsleiter

Im Kindergarten- und Grundschulbereich können die Kinder durch die Geschichten begeistert werden. Erzieher und Pädagogen werden vorrangig die Variante „Gruppenspiel" nutzen. In den Turnstunden in der Kita oder in der Schule sind teilweise mehr Geräte vorhanden, als hier aufgeführt. Natürlich können diese ebenfalls mit in die Spiele eingebaut werden, denn die Geschichten sind beliebig erweiterbar. In den Sportstunden werden die Geschichten mit feinmotorischen oder grafomotorischen Anteilen natürlich erst einmal weniger Bedeutung finden. Oft können jedoch diese Spielgeschichten an sich doch verwendet werden, indem man sie anpasst.

Für Therapeuten

Die Geschichten können sowohl in der Ergotherapie als auch in der Physiotherapie eingesetzt werden. Dieses Buch stellt eine Ergänzung zum bereits vorhandenen Therapeutenrepertoire dar. Physio- und Ergotherapeuten können die Anregungen nutzen, um Therapiestunden abwechslungsreich zu gestalten. Vor allem Kinder, die zusätzlich zu einer Entwicklungsstörung der motorischen Funktionen auch im sozio-emotionalen Bereich Auffälligkeiten zeigen, können von den beschriebenen Spielen profitieren. Die Inhalte können an die Therapieziele des jeweiligen Kindes angepasst werden. Wenn ein Kind besonders in eine Geschichte vertieft ist, kann diese erweitert werden, um neue Therapieziele zu verfolgen. Die Eltern des Kindes können mit in die Spiele einbezogen werden. Die Vorlagen dienen dabei zusätzlich als Hausaufgabenmaterial.

Hinweise zur Durchführung

Nach einer Begrüßungsrunde wird die Geschichte dem Kind vorgelesen. Aus eigener Erfahrung erreicht der Spielleiter die Kinder noch besser, wenn er die Geschichte möglichst spannend, mit eigenen Worten und mit Blickkontakt zu den Kindern vorträgt. Eine zusammenfassende Aussage vom Spielleiter gibt den Anstoß zum Spielbeginn. Er könnte sagen: „Du darfst der Architekt von Ernstweiler sein und dem Bürgermeister helfen." Die Kinder reagieren auf verschiedene Art und Weise auf den Inhalt der Geschichte. Bei zurückhaltenden Kindern können Hilfestellung und gezielte Fragen das Spiel anregen. Andere Kinder haben viele eigene Ideen, die natürlich mit eingebaut werden können. Die Beschreibung des Spielablaufs dient als Orientierung.
Der Spielleiter entscheidet, ob einer abweichenden Idee des Kindes Raum gegeben wird oder ob das Kind durch die Erinnerung an die Geschichte wieder zurück auf den Weg gebracht wird. Struktur gibt dem Kind Sicherheit. Zusätzliche Ideen können in weiteren Spielstunden genutzt werden. Ein weiterer wichtiger Punkt ist das Lob. Loben ist auch entscheidend, wenn ein Teilerfolg erreicht wurde. Blickkontakt, eine Berührung, eine positive ehrliche Mimik und Gestik sowie ein kurzes, zeitnahes Lob verstärken die Wirkung beim Kind.

Beobachtungs- und Förderschwerpunkte

Als Abschluss jeder Spielbeschreibung sind die relevantesten Schwerpunkte aufgelistet. Die meisten Spielgeschichten verbinden grobmotorische Aktivitäten mit perzeptiven, kognitiven, sozialen, feinmotorischen oder grafomotorischen Anforderungen. Im Spiel können Kinder besser unbemerkt beobachtet und eingeschätzt werden. Das Schönste ist jedoch, dass die Kinder spielend zum Beispiel ihre motorischen Fertigkeiten üben.
Der soziale Bereich ist als Förderschwerpunkt nicht explizit aufgeführt. Natürlich werden vor allem bei der Variante Gruppe zusätzlich soziale Fähigkeiten gefördert.

spiele

spiele

Architekt auf dem Mond

Geschichte

„Forscher haben auf dem Mond ein großes Sauerstoffzelt errichtet. Sie suchen nun einen Architekten für die erste Mondstadt der Geschichte. Du darfst der Architekt sein, der die Stadt auf dem Mond plant und bauen lässt."

Spielvorbereitung/Material

- drei Vorlagen: leere Mondlandschaft, Symbole für Gebäude, Urkunde
- Papier und Stifte, Schere/Cutter
- Kissen, Decken, Schaumstoffwürfel/-bausteine, Matten oder verschieden große Kartons, Klebestreifen, Rollbrett, (Übungsgeräte in der Sportstunde)
- Zusatz: Miniaturmondstadt:
  Luftballon, Leim, Zeitungspapier, Klebstoff, kleine Behälter/Kartons, Acrylfarben, Pinsel, Unterlage
- Sandkastenspielzeug, Naturmaterialien (Variante: Spielplatz, Garten, Wald)

Spielablauf

Das Kind zeichnet in die „leere Mondlandschaft" die Gebäude in beliebiger Anordnung ein. Es können auch eigene Ideen des Kindes Berücksichtigung finden und verschiedenfarbige Stifte zum Einsatz kommen. Dann wird die Mondstadt mit vorhandenem Material anhand dieser Skizze vom Kind nachgebaut. Die Gebäude können aus großen Gegenständen in Form eines Parcours' aufgebaut und mit den Symbolen versehen werden. Es können Schlitze (Briefkastenöffnung) in den Karton geritzt werden oder Gegenstände (Stift und Papier) auf das Gebäude gelegt werden. Mit zum Beispiel einem Rollbrett können die Kinder die Gebäude erkunden. Wie sieht denn so ein Tagesablauf in der Mondstadt aus?
Eine weitere Möglichkeit (Miniaturmondstadt) besteht darin, einen Ballon mit Zeitungspapier zu verleimen (muss am Vortag hergestellt werden). Auf diesen werden dann die kleinen Behälter geklebt. Der Mond kann dann mit einer Aufhängung versehen werden.

Spielabschluss

Das Kind erhält eine Urkunde für die erste Stadt auf dem Mond und darf diese ausmalen.

Architektenspiele

Variante: Gruppe

- Die Kinder bauen/malen abwechselnd oder nehmen verschiedene Rollen ein (z. B. ein Kind malt, ein Kind baut, ein Kind testet die Stadt aus). Die Rollen können getauscht werden, so dass jedes Kind eine eigene Stadt geplant und gebaut hat.
- In der reinen Sportstunde können die Mondstadt-Symbole (Gebäude) den vorhandenen Übungsgeräten gemeinsam mit den Kindern zugeordnet werden. Zuerst fliegen alle gemeinsam zum Mond. Jedes Kind darf dann eine Station (ein Gebäude) aufbauen und die Bewegungsmöglichkeiten ausprobieren. Die Stationen können auch zu einem Parcours verbunden werden.

Variante: Kinderzimmer

Im Haushalt finden sich meist noch andere nützliche Utensilien (z. B. Becher, Schüsseln, Dosen), die für eine selbst gebaute und geklebte Mondstadt gebraucht werden können.
Das Kinderzimmer wird in eine Mondstadt verwandelt. Der Fantasie sind keine Grenzen gesetzt. Die einzelne Gebäude oder Orte der Mondstadt können zum Beispiel mit vorhandenen Autos erkundet werden.

Variante: Spielplatz/Garten/Wald

Der Spielplatz oder der Sandkasten stellen den Mond dar. Das Kind kann die Mondgebäude in den Sand mit einem kleinen Stock malen oder aus Sand erbauen.
Geräte, Förmchen oder Naturmaterialien können mit einbezogen werden. Die entstandene Mondlandschaft findet auch von anderen Spaziergängern Anerkennung.

Beobachtungs- und Förderschwerpunkte

- Feinmotorik/Grafomotorik
- perzeptiver Bereich: visuelle und taktile Wahrnehmung
- kognitiver Bereich: Aufgabenverständnis, Handlungsplanung, Aufmerksamkeit, Konzentration, Formen erkennen, Merkfähigkeit

 Architektenspiele

Vorlage: Symbole

 Vorlage: Mond

URKUNDE FÜR

NAME

ARCHITEKT

DATUM

Der lustige Architekt

Geschichte

„Der Bürgermeister der Stadt ‚Ernstweiler' ist traurig, dass seine Einwohner immer weniger lachen. Laut den Arztberichten treten so auch vermehrt Krankheiten auf. Dem Bürgermeister kommt eine Idee, als er durch die grauen Straßen seiner Stadt läuft: Er möchte, dass lustige Bauwerke errichtet werden. Er malt ein paar schöne Formen und Ideen auf. Der Architekt von ‚Ernstweiler' wird beauftragt, daraus Bauwerke, Spielplätze und Parkanlagen zu planen und bauen zu lassen."

Spielvorbereitung/Material

- Vorlage „Die Ideen des Bürgermeisters" oder eigene Formen aufmalen
- leeres Blatt Papier, Stifte
- Gegenstände, die den Formen ähneln (zum Beispiel: Kissen, Schaumstoffbausteine oder Holzklötze, Hocker, Reifen)

Spielablauf

Das Kind darf der Architekt sein und sich von der Vorlage „Die Ideen des Bürgermeisters" Formen aussuchen. Je nach Vorhandensein von Gegenständen, kann es auch eigene Formen einbringen. Auf einem separaten Blatt kann es nun die verrücktesten Bauwerke entstehen lassen, indem es die Formen kombiniert (übereinander, nebeneinander). Natürlich achten Architekten auch auf die Stabilität der Gebäude. Das Kind baut seine Bauwerke nach der eigenen Vorlage im Raum auf. Es darf den Gebilden eine Bedeutung und einen möglichst lustigen Namen zuordnen.

Spielabschluss

Die Stadt „Ernstweiler" wird vom Kind auf einen lustigeren Namen umgetauft. Die Bauwerke laden zum Spielen ein.

 Architektenspiele

Variante: Gruppe

1. Möglichkeit: Jedes Kind malt seine eigene Vorlage und baut sein eigenes Gebäude. Zum Schluss wird die Bedeutung der einzelnen Gebäude geraten und das lustigste Gebäude gewählt.
2. Möglichkeit: Die Aufgabe „Zeichnen" und die Aufgabe „Bauen" wird von je einem oder zwei Kindern ausgeführt (Teamarbeit). Dann können die Rollen getauscht werden.
3. Möglichkeit: Zwei Kinder zeichnen in Teamarbeit Vorlagen (Anzahl richtet sich nach Kinderanzahl). Die anderen Kinder erhalten jeder eine Zeichnung und dürfen Bauwerke entstehen lassen. Die beiden Zeichner dürfen nicht wissen, welche Vorlage jedes Kind erhalten hat. Zum Schluss versuchen die Zeichner, den Bauwerken die Vorlagen zuzuordnen.

Variante: Kinderzimmer

Andere nützliche Utensilien (Becher, Schüsseln, Dosen) können zum Bauen verwendet werden. Bei den ersten Versuchen benötigt das Kind sicher noch Hilfestellung, die dann jedoch weniger wird, je mehr Spaß und Erfolg das Kind bei dem Spiel hat. Die Eltern können etwas nebenbei erledigen und kommen dann zum Loben und Raten sowie zum Lachen über die lustigen Bauwerke in das Kinderzimmer.

Variante: Spielplatz / Garten / Wald

Im Garten oder auf dem Spielplatz können der Sand und ein kleiner Ast oder die Hände der Kinder zum Zeichnen genutzt werden. Viele Naturmaterialien können in die Zeichnung mit eingebaut werden. Aus dieser Zeichnung kann nun das Gebäude entweder aus Sand oder aus anderen heruntergefallenen Naturmaterialien entstehen.

Beobachtungs- und Förderschwerpunkte

- perzeptiver Bereich: visuelle Wahrnehmung, taktile Wahrnehmung
- Grafomotorik / Feinmotorik
- kognitiver Bereich: Aufmerksamkeit / Konzentration, Handlungsplanung

Architektenspiele

   Vorlage: Ideen des Bürgermeisters

Die sonnenlose Stadt

Geschichte

„Die sonnenlose Stadt ist, wie ihr Name schon sagt, immer ohne Sonnenlicht. Das kann man sich kaum vorstellen, denn die Sonnenstrahlen sind so schön. Auch für die Gesundheit und die Laune ist die Sonne wichtig. Die Bewohner dieser sonnenlosen Stadt wissen das alles und wollen deswegen eine Stadt mit Licht. Ihre Vorfahren haben die Stadt in einem Tal mit wachsenden Bergen gebaut. Im Laufe der Zeit ist die Stadt von den Bergen wie eine Höhle eingeschlossen worden. Es gibt viele Höhlengänge und auch ein paar nach draußen. Nun wollen die Bewohner der sonnenlosen Stadt ihre Häuser an einem Ort mit Sonnenlicht nachbauen. Dafür brauchen sie die Hilfe eines Baumeisters.“

Spielvorbereitung / Material

- Tisch mit Decke (Höhle), Tuch (optional)
- kleine oder mittlere Bausteine in zweifacher Ausführung und identischer Farbe oder Naturmaterialien
- optional Krabbeltunnel (als Höhleneingang)
- Nachtfoto / Skizze der Bauwerke (Kopiervorlage oder selbst erstellt)
- Sonne ohne Strahlen, Stifte oder Papier, Schere, Klebstoff

Spielablauf

Das Kind darf der Baumeister sein. Der Spielleiter baut, je nach Entwicklungsstand des Kindes, Gebäude in die Höhle. Das Kind krabbelt in die Höhle. Dort schaut es sich zunächst ein Bauwerk an, merkt es sich und krabbelt aus dem Tunnel. Hier darf das Kind versuchen, das Bauwerk nachzubauen. Als Steigerung kann versucht werden, dass das Kind mit geschlossenen Augen (Tuch) die Bausteine ertastet.

Spielabschluss

Zum Schluss darf das Kind seine Gebäude mit einem Nachtfoto vergleichen.
Das Kind darf für jedes richtig nachgebaute Gebäude einen Sonnenstrahl an die Sonne malen oder das Sonnen-Gesicht vervollständigen. Alternativ können aus Papier Sonnenstrahlen ausgeschnitten und aufgeklebt werden.

Variante: Gruppe

Die Höhle ist bei drei Mitspielern dreigeteilt. Es werden zum Beispiel drei Stadtbezirke dargestellt. Jedes Kind darf einen Bezirk nachbauen und seine eigene Sonne vervollständigen.

Architektenspiele

Variante: Kinderzimmer

Eine Höhle lässt sich im Kinderzimmer auch leicht zwischen zwei Stühlen, die mit einer Decke abgehängt werden, errichten. Es können auch Alltagsmaterialien (z. B. leere Becher, Schüsseln, Dosen) genutzt werden.

Variante: Spielplatz / Garten / Wald

Anstelle der Bausteine können hier auch Naturmaterialien (z. B. heruntergefallene Tannenzapfen, Eicheln, Rinde, Kastanien, Steine) Verwendung finden. Diese werden übereinandergestapelt. Ein Bereich des Spielplatzes stellt die sonnenlose Stadt dar. Um von diesem zum Sonnenbereich zu gelangen, kann auch ein Parcours (z. B. über ein Klettergerüst) absolviert werden.

Variante: Gebäude benennen

Das Kind darf sich zuerst die Nachtfotos ansehen und überlegen, welche Gebäude dargestellt sind (z. B. Kirche, Kindergarten, Polizeigebäude). In der Höhle werden alle Gebäude aufgebaut. Das Kind zieht eine Karte und versucht, das abgebildete Gebäude in der Höhle zu ertasten. Es darf die Steine mit nach draußen bringen und mit dem Nachtfoto vergleichen.

Beobachtungs- und Förderschwerpunkte:

- perzeptiver Bereich: visuelle, taktile und propriozeptive Wahrnehmung
- sensomotorischer Bereich: Koordination, Grobmotorik
- Feinmotorik / Grafomotorik
- kognitiver Bereich: Aufmerksamkeit, Konzentration, Merkfähigkeit, Handlungsplanung

Architektenspiele

höhere Anforderung

Feuerwehr

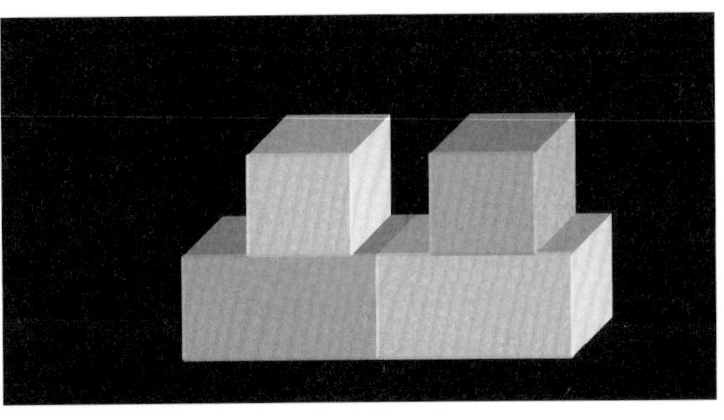

Polizei

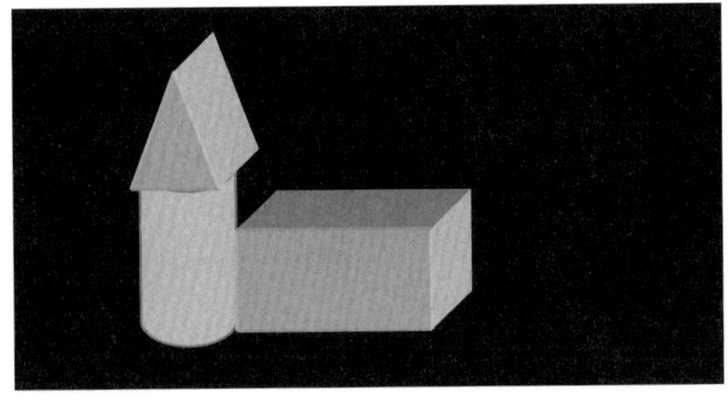

Kirche

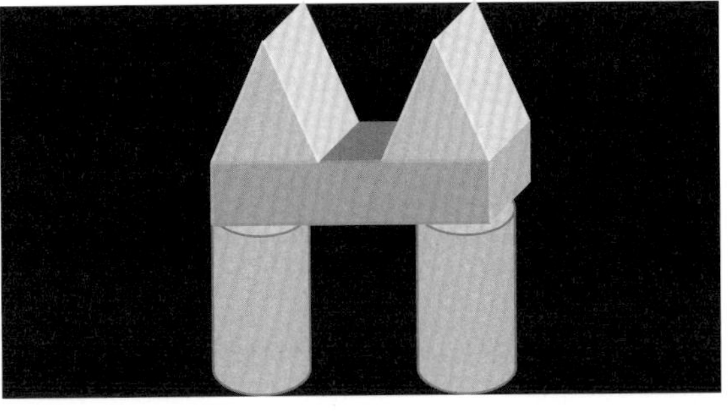

Tor

Vorlage: Nachtfotos

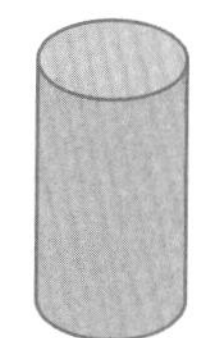    

höhere Anforderung

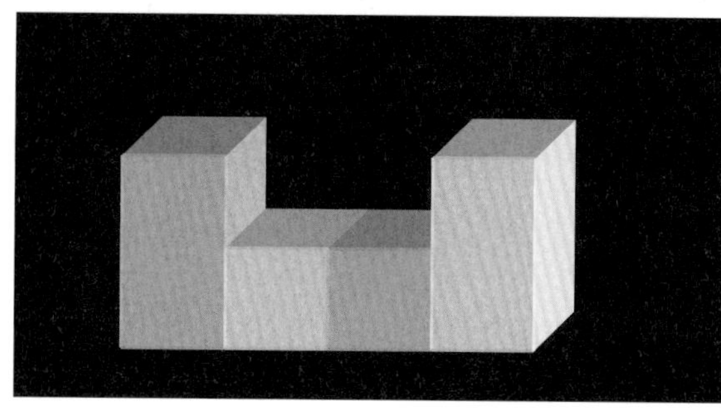

Kranken-
haus

Rathaus

Wohn-
gebäude

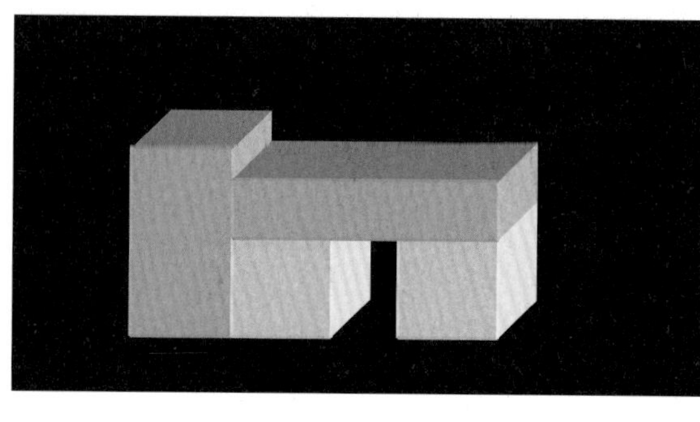

Schule

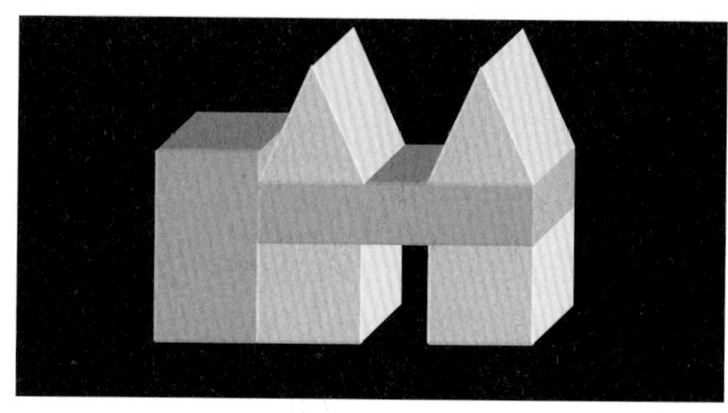

24   *Vorlage: Nachtfotos*

Die verschwundene Katze

Geschichte

„Familie Brauer wohnt auf einem Bauernhof mit vielen Tieren wie Pferden, Schweinen, Hühnern, Ziegen und Katzen. Die Katze Mia ist der Liebling der kleinen 5-jährigen Lisa. Eines Tages ist Mia verschwunden. Lisa sucht die Katze und braucht dabei dringend Unterstützung. Es gibt viele Katzen im Dorf, aber Lisa möchte nur ihre Mia zurückhaben.“

Spielvorbereitung/Material

- 8 Katzenbilder, können zum Schutz laminiert werden
- Matten/Mattenhäuser (Ställe); Klettergerüst/Sprossenwand (Bäume, Zäune, …); Rollbrett (Traktor)
- Katzenkarten verstecken (Anzahl je nach Alter variieren)

1. Möglichkeit: „Lustige Katzenverstecke“

Spielablauf

Gemeinsam mit dem Spielleiter baut das Kind einen Bauernhof nach. Der Spielleiter versteckt die Katzenbilder (zum Beispiel: im Schweine- oder Hühnerstall, auf der Pferdekoppel, unter dem Traktor, in der Hundehütte, auf einem Baum).
Das Kind erhält ein Originalbild von Mia. Es sucht im ganzen Raum nach der Katze. Die gefundenen Bilder werden mit dem Originalbild verglichen.
Es können auch kleinere Parcours' oder ein großer Parcours mit Stationen aufgebaut werden, um verstärkt die motorischen Funktionen zu fördern.

2. Möglichkeit: „Eine Suche unter erschwerten Bedingungen“

Spielablauf erfolgt wie in der ersten Möglichkeit.
Zusätzlich werden Aktionen ausgeführt. Das Wetter ändert sich und erfordert Reaktionen vom Kind (z.B.: Regen → schnell ein Dach suchen; Sturm → flach hinlegen und es werden Karten vom Spielleiter vertauscht).

Spielabschluss

Das Kind hat Mia gefunden. Lisa freut sich sehr. Das Kind darf bestimmte Geräte im Raum ausprobieren (auf Tieren im Bauernhof reiten, mit dem Traktor fahren).

Detektiv- und Rätselspiele

Variante: Gruppe

1) Mehrere Kinder suchen die Katze. Sie laufen zu einem Versteck. Auf ein Zeichen hin dürfen sie das Versteck wechseln.
2) Ein Kind darf die Katzen verstecken. Die anderen Kinder suchen Mia.

Variante: Kinderzimmer

Im Kinderzimmer gibt es ebenfalls mehrere Versteckmöglichkeiten. Wenn vorhanden, kann ein Bobbycar als Fortbewegungsmittel genutzt werden. Das Spiel kann auch zu einem Rollenspiel erweitert werden, indem zum Beispiel Handpuppen bei der Suche nach Mia mithelfen.

Variante: Spielplatz / Garten / Wald

Auf dem Spielplatz oder im Garten können die Abstände zwischen den Katzenverstecken vergrößert werden, so dass weitere Wege / Hindernisse überwunden werden müssen. Viele Geräte oder Naturmaterialien können das Spiel lebendiger gestalten.

Beobachtungs- und Förderschwerpunkte

- perzeptiver Bereich: visuelle und auditive Wahrnehmung
- kognitiver Bereich: Aufmerksamkeit, Konzentration, Merkfähigkeit, Orientierungsfähigkeit, Handlungsplanung
- sensomotorischer Bereich: Grobmotorik, Reaktionsgeschwindigkeit

Detektiv- und Rätselspiele

Vorlage: Katzenbilder

Vorlage: Katzenbilder

Die Schurken mit den Gurken

Geschichte

„Gemeine Diebe haben in Spanien auf einem Feld über 1000 Gurken gestohlen. Die Schurken sind mit einem LKW bis in die Berge gefahren. Dort lagern sie die Gurken in geheimen Höhlen. Die Diebe haben nicht bemerkt, dass ihr LKW ein Loch hat. Die Polizei wird derzeit vor allem in der Stadt gebraucht. Die Bauern wollen keine Zeit verlieren und versuchen selbst, die Diebe und ihre Gurken zu finden. Du kannst ihnen dabei helfen.“

Spielvorbereitung/Material

- Gurken (Vorlage, kann laminiert werden) oder alternativ längliche Bausteine, Schere
- Sportgeräte (als Hindernisse: Matten, Bänke, Klettergerüst, als Fortbewegungsmittel: Rollbrett, Pedalo) oder alternativ Kissen/Decken/Hocker für das Kinderzimmer
- Zutaten für einen Gurkensalat

Spielablauf

Das Kind darf helfen, die Gurken auszuschneiden. Diese kommen dann auf ein Feld. Das Kind hilft mit, die Landschaft Spaniens (vor allem Berge) mit den vorhandenen Sportgeräten nachzubauen. Für eine vom Spielleiter bestimmte Zeit legt sich das Kind schlafen. Die Diebe (Spielleiter) klauen die Gurken und hinterlassen mit ihrem LKW eine Gurkenspur. Den Rest der Gurken verteilen sie in den Höhlen. Dann verschwinden die Diebe. Das Kind darf aufstehen (am Morgen) und sieht die fehlenden Gurken. Es sammelt die Gurken ein und überwindet dabei einen Parcours bis es die Höhlen gefunden hat.

Spielabschluss

Dank der Hilfe des Kindes können die Bauern der Polizei genaue Hinweise geben und schon bald werden die Diebe gefasst. Das Kind wird als Belohnung zu einem Gurkenfest eingeladen. Der Gurkensalat wird frisch zubereitet und gegessen.

Variante: Gruppe

1) Die Kinder können gemeinsam die Bauern spielen und versuchen, die Gurken zu finden.
2) Einige Kinder übernehmen die Rolle der Diebe und verstecken die Gurken. Die anderen Kinder sind Bauern und suchen die Gurken. Die Rollen können getauscht werden.

Variante: Kinderzimmer

Die Kinder bauen sich mit Kissen, Decken, Stühlen oder Hockern eine Berglandschaft. Dann wird
balanciert, gekrabbelt, gesprungen und dabei werden die Gurken eingesammelt. Die Gurken können mit den Händen gehalten werden oder sie werden zum Beispiel auf einem Tennisschläger
balanciert (erhöhter Schwierigkeitsgrad).

Variante: Spielplatz/Garten/Wald

Stöckchen können als Gurken zur Hälfte eingegraben oder an Klettergerüste aufgehängt werden.
Die Gurken können entlang eines Parcours' auf dem Spielplatz oder im Wald verteilt werden.

Beobachtungs- und Förderschwerpunkte

- Feinmotorik
- sensomotorischer Bereich: Grobmotorik, Koordination/Bilateralintegration
- perzeptiver Bereich: visuelle, propriozeptive und vestibuläre Wahrnehmung
- kognitive Funktionen: Handlungsplanung, Aufmerksamkeit

Detektiv- und Rätselspiele

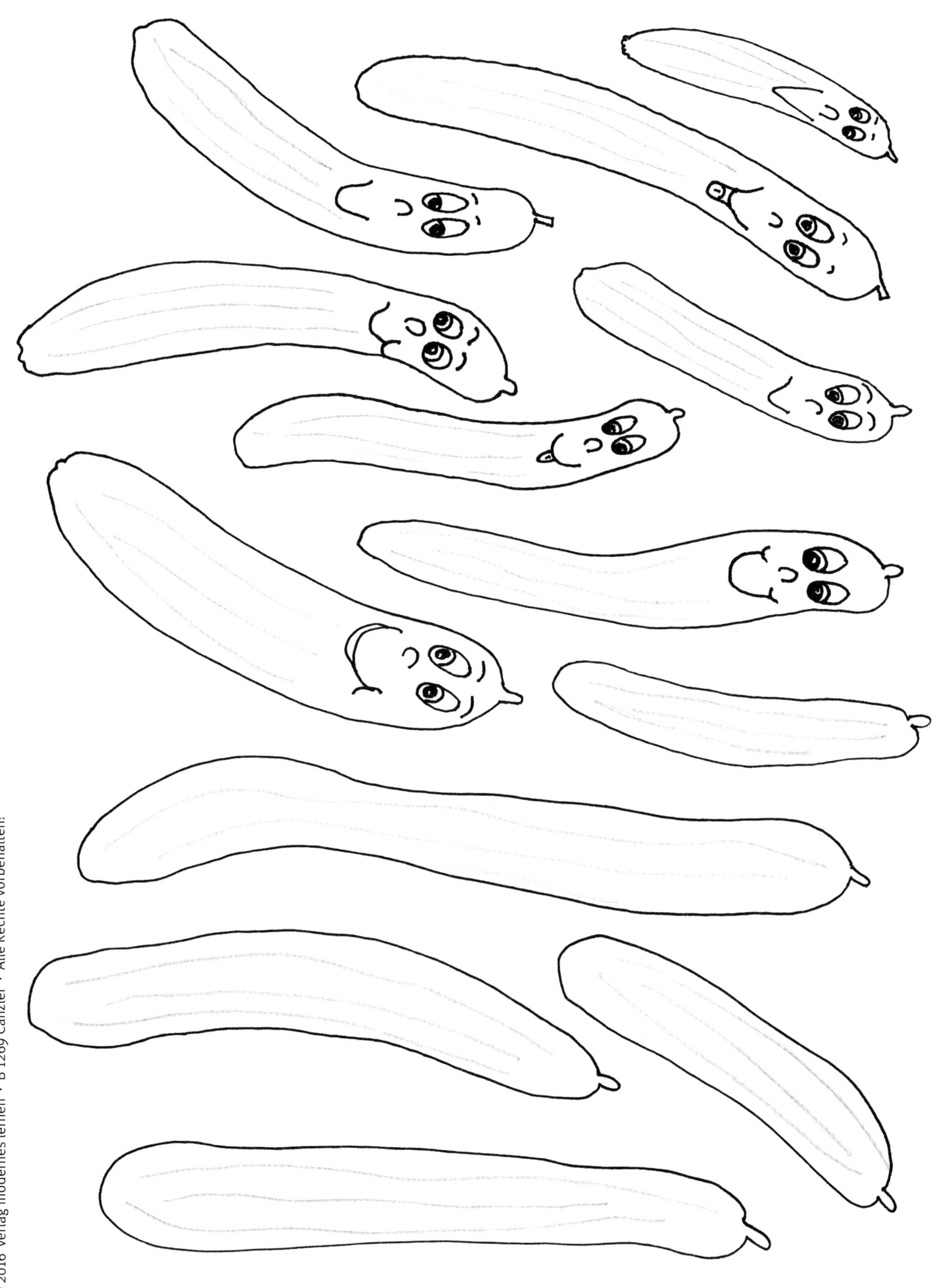

Vorlage: Gurken

Das gefälschte Gemälde

Geschichte

„Heute steht in der Zeitung: **Der Kunstdieb**
Ein Mann hatte in einem Museum ein wertvolles Gemälde gestohlen. Er brachte das Gemälde zu einem Maler, der es fälschen sollte. Dem Maler gefiel der Dieb nicht. Er malte mehrere Gemälde und tauschte das Original aus. Der Dieb merkte nichts und wurde beim Verkaufen der Fälschung verhaftet. Die Polizei fand die Werkstatt des Malers. Dieser war verschwunden, aber die Gemälde waren noch da. Die Polizei musste herausfinden, welches der Bilder das Original ist. Der Maler hatte bei jeder Fälschung Details vergessen. Die Fälschungen und das Original hatte er versteckt."

Spielvorbereitung / Material

- beliebige Tageszeitung
- „Gemälde" (Vorlage) im Raum verstecken
- Zusatz: Geräte für einen Bewegungsparcours

Spielablauf

Das Kind darf der Polizei helfen, das Original zu finden. Die Vorgehensweise ist zunächst dem Kind überlassen. Der Spielleiter kann kleinere Hilfestellungen geben. Im günstigen Fall sucht das Kind alle Gemälde und legt sie zum Vergleichen nebeneinander. Im Sportraum sowie im Kinderzimmer und auch im Garten ergeben sich viele Verstecke (zum Beispiel: unter der Sportmatte / Bank, hinter einem Kissen, an einem Klettergerüst befestigt oder in einem Eimer). Ein kleines Bild des Originalgemäldes dient dem Detektiv als Vergleichshilfe. Zusätzlich zur visuellen Förderung kann ein Bewegungsparcours die Verstecke der Bilder verbinden.

Spielabschluss

Das Kind erkennt das Originalgemälde. Da es sich um ein schwarz-weißes Gemälde handelt, darf das Kind dieses ausmalen.

Detektiv- und Rätselspiele

Variante: Gruppe

1. Möglichkeit: Die Kinder können gemeinsam Detektiv spielen und das Originalgemälde suchen.
2. Möglichkeit: Ein Kind kann die Rolle des Malers übernehmen und vereinfachte Bilder malen. Dabei ist nur ein Bild vollständig, nämlich das Originalbild. Bei den anderen Gemälden fehlen Details. Das Originalbild wird für die anderen Kinder (Detektive) abgepaust. Das Spiel wird wie bei der 1. Möglichkeit fortgeführt.

Variante: Kinderzimmer

Aus vorhandenen Malbüchern können Seiten kopiert werden. Dabei werden Linien so hinzugefügt, dass ein Bild klar als Originalgemälde erkennbar ist. Zum Beispiel werden bei dem Originalbild 8 Details hinzugefügt. Bei den anderen Bildern werden 7 Einzelheiten hinzugemalt, wobei bei jedem immer ein anderes Detail fehlt.

Variante: Spielplatz/Garten/Wald

Die Gemälde können in Form von Kopien auf dem Spielplatz/im Garten versteckt werden.
Eine andere Möglichkeit besteht darin, die Gemälde im Sand vereinfacht nachzuzeichnen.

Beobachtungs- und Förderschwerpunkte

- perzeptiver Bereich: visuelle Wahrnehmung
- kognitiver Bereich: Merkfähigkeit, Handlungsplanung, Aufmerksamkeit,
- Konzentration
- mit Einbezug eines Parcours', wird natürlich auch der sensomotorische Bereich gefördert

34 Vorlage: Gemälde

Vorlage: Gemälde

Geschwistertiere

Geschichte

„Nach einem großen Sturm mit viel Regen ist das Land überschwemmt. Das Wasser ist nicht zu hoch und so können sich die Tiere noch gerade so über Wasser halten. Alle Tiere haben Geschwister und suchen nun ihren Bruder / ihre Schwester. Ein Fischer in einem großen flachen Boot hilft den Tieren."

Spielvorbereitung / Material

- Memorykarten mit Tiermotiven (daran Büroklammern befestigen)
- Angel (Holzstab mit Schnur und kleinem Magnet)
- Boot: Plattformschaukel (+ Matten) oder Rollbrett mit Anhänger;
  alternativ: Kissen, Decke, Bobbycar

Spielablauf

Der Spielleiter legt alle Tierkarten offen um das Boot. Das Kind versucht, sich so viele Geschwisterpaare wie möglich zu merken. Nach einem „Sturm" werden alle Karten vom Spielleiter umgedreht. Nun geht die Suche los. Wenn ein Paar gefunden wurde, wird es ins Boot geholt / geangelt. Die Geschwisterpaare wollen nur gemeinsam in das Boot. Die Anzahl der Tierkarten können gesteigert werden.

Spielabschluss

Mit den geretteten Tieren wird eine „wilde" Bootspartie veranstaltet (auf der Plattformschaukel Schwung holen).

Variante: Gruppe

1. Möglichkeit: Mehrere Kinder (Fischer) versuchen die Tiere zu retten. Sie helfen sich im Team.
2. Möglichkeit: Die Kinder retten um die Wette und am Schluss werden die geretteten Geschwisterpaare gezählt und verglichen.

Detektiv- und Rätselspiele

Variante: Kinderzimmer

Wenn kein „Boot" vorhanden ist, kann auch von einer Decke, einem Kissen oder einem Bobbycar
aus geangelt werden. Die Karten können auch zuerst offen liegen, es wird geangelt und dann kann
noch eine Runde Memory gespielt werden, wenn alle gerettet wurden.

Variante: Spielplatz/Garten/Wald

Schaukeln, Klettergerüste, Balancierstrecken oder Baumstümpfe können als Angelausgangspunkt
genutzt werden. Alternativ zum Memoryspiel, können auch Tierbilder in zweifacher Ausführung laminiert werden.

Beobachtungs- und Förderschwerpunkte

- sensomotorischer Bereich: Grobmotorik, Koordination,
- Feinmotorik
- perzeptiver Bereich: vestibuläre Wahrnehmung, visuelle Wahrnehmung
- kognitiver Bereich: Merkfähigkeit, Aufmerksamkeit, Konzentration

Titanic – Suche nach Schätzen

Geschichte

„Im letzten Jahrhundert ist die Titanic im Eismeer gesunken. Auf dem Schiff reisten einige reiche Leute mit. Diese brachten eine Menge wertvollen Schmuck und Diamanten an Bord. Davon liegt jetzt viel auf dem Meeresboden verteilt. Du darfst bei der Suche nach den Schätzen im Ozean helfen. Dafür steht dir ein U-Boot zur Verfügung.“

Spielvorbereitung / Material

- Raum / Halle gleicht einer Unterwasserwelt
- Kisten / Kartons / Behälter / Schüsseln (gefüllt mit z. B. Styropor, Linsen, Erbsen, Sand)
- alte Holzketten, Ringe, glänzende Stecker, angemalte Steine (Diamanten) oder Murmeln zum Suchen
- Tücher / Decken dienen als Sichtschutz für die Kisten
- Rollbrett, Bobbycar, Pedalo oder ähnliches Fortbewegungsgefährt als U-Boot
- Holzleisten / -bretter oder Pappreste als Wrackteile

Spielablauf

Die Unterwasserwelt wird mit den Kindern gemeinsam gestaltet. Es kann noch zusätzliches Material zum Einsatz kommen. Die vorbereiteten Kisten werden im Raum verteilt. Dann darf das Kind mit dem U-Boot starten und die Schätze suchen. Dabei muss es zum Teil im Slalom um die Wrackteile fahren. Die Kisten werden nur mit den Händen erkundet. In einem Behälter (Schale, Schachtel) können die Schätze gesammelt werden.

Spielabschluss

Zum Schluss bestaunen alle die gefundenen Schätze. Mit diesen kann gespielt oder sie können gezählt werden.

Variante: Gruppe

1. Möglichkeit: Die Kinder fahren nacheinander durch den Parcours und jedes Kind darf in den Kisten einen Schatz suchen und ihn mitnehmen.
2. Möglichkeit: Die Kinder fahren zugleich los und suchen um die Wette.

Detektiv- und Rätselspiele

Variante: Kinderzimmer

Es können die verschiedensten Spielkisten (z. B. mit Legosteinen) als Suchelemente genutzt werden. Je ähnlicher der Schatz und das umliegende Material ist, desto schwieriger gestaltet sich die Schatzsuche.
Das Spiel kann dann auch in der Badewanne wiederholt werden. Unter dem Schaum lassen sich die verschiedensten Schätze verstecken und finden.

Variante: Spielplatz / Garten / Wald

Der Spielplatz wird zur Unterwasserwelt umfunktioniert. Das Klettergerüst stellt die Wrackteile dar. In verschiedenen Höhen können hier Eimer mit Sand oder einem anderem Material sowie den zu suchenden Schätzen angebracht werden.
Das Kind muss klettern, hangeln, rutschen, …, um die Schätze zu erreichen.
Im Wald kann ein umgefallener Baum als Wrack dienen. An ihm können die Schätze angehängt und in ihm versteckt werden.

Beobachtungs- und Fördermöglichkeiten

- sensomotorischer Bereich: Grobmotorik, Koordination, Kraft- und Bewegungsdosierung
- Feinmotorik
- perzeptiver Bereich: propriozeptive, vestibuläre und taktile Wahrnehmung
- kognitiver Bereich: Aufmerksamkeit, Konzentration, Handlungsplanung

Detektiv- und Rätselspiele

Post auf dem Nil

Geschichte

„Durch welches Land fließt denn eigentlich der Nil? Richtig, er fließt durch Ägypten. Früher haben in Ägypten die Pharaonen geherrscht. Es ist nicht ganz belegt, aber stellen wir uns vor, dass der Pharao auch über die Ernten in seinem Land Bescheid wissen wollte. Für Fußboten war es zu weit von der Hauptstadt bis zu den fruchtbaren Ebenen am Nil, deswegen schickte der Pharao Nachrichten mit dem Schiff. Die Bauern auf dem Land berichteten ihm über gute Erträge bei den Ernten, aber auch über Ernteausfälle infolge von Dürreperioden oder Insektenplagen. Damit es keine Hungersnot gab, musste der Pharao handeln."

Spielvorbereitung / Material

- Boot (Rollbrett oder Spielauto mit Belademöglichkeit)
- Papier, Stifte
- Vorlage „Pharao"
- Säckchen, kleine Bausteine (Ernte: Emmer (Weizenart), Äpfel, Oliven)
- eventuell Naturmaterialien (Tannenzapfen, Blätter, Eicheln, kleine Äste)

Spielablauf

Variante 1: Bauer

Das Kind darf nun **Bauer** in den fruchtbaren Regionen am Nil sein. Der Spielleiter übernimmt die Rolle des Pharaos. Zuerst kann besprochen werden, was auf den Feldern angebaut wird: Emmer/Einkorn (Vorläufer von Weizen); Äpfel; Oliven. Mit dem Boot sendet der Pharao Fragen an die Bauern (malt/schreibt auf das Papier und faltet es). Zum Beispiel erkundigt er sich, wie das Wetter ist, ob eine Insektenplage droht oder wie die Ernte ausgefallen ist.
In der einen Ecke des Raumes befindet sich der Pharao (hier kann die Vorlage mit dem Bild des Pharaos abgelegt werden), in der anderen der Bauer und dazwischen fließt der Nil. Die Bauern schicken Informationen über die Ernte und beantworten die Fragen des Pharaos. Das Boot kann durch den Raum geschoben werden oder der Bauer wird selbst zum Kapitän. Zusätzlich wird natürlich auch die Ernte auf das Schiff geladen. Diese wird vorher und nachher gezählt (Strichliste oder Zahlen). Während der Schiffsreise können so manche Dinge passieren (z. B. es fällt Ware ins Wasser, Diebstähle, Unwetter). Ein Vorher-Nachher-Vergleich der Ware ist unvermeidbar.

Variante 2: Pharao

Das Kind kann dann auch die **Rolle des Pharaos** übernehmen.
Es werden zunächst die Reaktionen des Kindes auf die Briefe des Bauern besprochen. Folgende Reaktionen sind möglich:
- Wenn die Ernte gut verläuft
  (z. B. einen extra Bauern als Verstärkung zum Ernten schicken)
- Wenn die Ernteerträge zu niedrig sind
  (z. B. einen Polizisten auf die Felder schicken, um den Grund herauszufinden)
- Wenn das Schiff weniger Ware bringt als auf dem Tontäfelchen stand
  (z. B. den Bauern befragen, ob er ehrlich war. Den Kapitän befragen, ob es Diebe auf dem Schiff gab)
- Wenn eine große Insektenplage die Felder zerstört
  (z. B. ein kleines Heer zur Bekämpfung der Insekten entsenden)
- Wenn eine lange Zeit Dürre herrscht
  (z. B. wenn der Nil noch genügend Wasser hat: aus ihm Wasser über Gräben in die Ebene leiten)

Spielabschluss

Der Pharao gibt für die Bauern ein großes Fest. Es kann getanzt und getobt werden.
Auch eine Entspannungsgeschichte (z. B. aus dem Heft Streichelwiese [Deister / Horn 2013]) ist möglich.
Die Vorlage des Pharaos kann ausgemalt und mit Mustern geschmückt werden.

Variante Gruppe

Bei bis zu drei Kindern kann jedem Kind eine Rolle zugeteilt werden. Zusätzlich zu den Rollen des Pharaos und des Bauern gibt es den Kapitän des Schiffes, der auf die Ernteware aufpasst und diese dem Pharao übergibt. Dabei führt jedes Kind eine Strichliste.
Bei mehr als drei Kindern fahren mehrere Schiffe mit Kapitänen aus den fruchtbaren Regionen zu einem Pharao. Jeder Bauer ist für die Ernte einer Frucht zuständig.
Die Schiffe werden nacheinander beladen und fahren in einer Reihe hintereinander auf dem Nil.

Variante Kinderzimmer

Wenn es kein Fahrgerät im Kinderzimmer gibt, kann auch das Kind selbst zum Schiff werden und die Ernte mit den Händen / auf dem Kopf / mit einem Tennisschläger transportieren. Als weitere Steigerungsform könnte das Kind auch auf einem Teppichstreifen (entspricht dem Fluss) oder liegendem Seil durch das Zimmer balancieren.

Variante Spielplatz/Garten/Wald

Der Pharao und der Bauer suchen sich jeder einen Ort auf dem Spielplatz/im Garten. Dort erntet der Bauer. Es können auch Naturmaterialien wie Tannenzapfen, Blätter, Äste oder Eicheln genutzt werden. Der Kapitän fährt das Schiff (verschiedene Spielplatzgeräte) mit der Ernte zum Pharao. Ein kleiner Eimer für die Ernte ist hilfreich. Die Ernteerträge können mit einem kleinen Ast in den Sand gemalt werden.

Beobachtungs- und Fördermöglichkeiten

- kognitiver Bereich: Aufmerksamkeit, Konzentration, Handlungsplanung, Mengenverständnis, Zählen/Rechnen
- sensomotorischer Bereich: Grobmotorik, Koordination
- Feinmotorik/Grafomotorik
- perzeptiver Bereich: propriozeptive und vestibuläre Wahrnehmung

Vorlage: Pharao

Von Station zu Station im Perserreich

Geschichte

„Etwa 500 Jahre bevor unsere Zeitrechnung begann, gab es im großen Perserreich eine Art Postsystem. Die Briefboten waren Reiter. Sie ritten von einer Station zur nächsten Station. Nach einer Tagesreise wurden sie von anderen Boten abgelöst. Bei Wind und Wetter wurden so die Briefe zum Empfänger gebracht. Persien war damals riesengroß, denn es reichte bis Indien. Der König sendete Boten zu den entfernten Teilen seines Reiches. Er wollte wissen, wie es den Bewohnern dort geht."

Spielvorbereitung / Material

- dünne Matten, Teppich (Wüste)
- Sprossenwand, kleine Rutsche (Berge)
- gemütliche Station mit Kissen / Decken (Oase)
- Kegel-Slalom (wilden Tieren ausweichen)
- Bank, Reifen (Felsen überwinden)
- Rollbrett, Pedalo (Transporttiere)
- eventuell Papier und Stifte

Spielablauf

Das Kind darf als Bote durch das Perserreich reiten und dem König Nachrichten aus den entfernten Teilen des Landes überbringen.
Der Spielleiter spricht mit dem Kind zuerst über das Perserreich. Das Kind hilft mit, die Landschaften (z. B. Wüste, Berge, Oase) nachzubauen. Die Wege sollten kreativ und abwechslungsreich gestaltet werden. Es können auch verschiedene Transporttiere genutzt werden (Kamel, Pferd, Esel). Jedes Tier wird durch ein motorisches Gerät (z. B. Rollbrett, Pedalo) dargestellt. Wetterveränderungen (Sandsturm, Gewitter) erschweren den Weg. Das Kind überwindet die Hindernisse zwischen den Stationen bis zum Ziel und kehrt dann mit den Nachrichten (zum Beispiel: es geht ihnen gut oder sie sind krank) für den König wieder zurück. So kann auch eine Art Dialog zwischen den entfernten Gebieten und dem König entstehen. Bei auftretenden Krankheiten kann ein besonders guter Medicus geschickt werden.

Spielabschluss

Zum Schluss wird besprochen, wie der König auf die Nachrichten reagiert. In einer Oase kann auch eine Entspannungsgeschichte stattfinden.

 Postspiele

Variante: Gruppe

Die Kinder lösen sich an den Stationen ab. An jeder Station wartet ein Kind, bis es zum nächsten Boten laufen darf. Ähnlich wie bei einem Staffellauf übergeben die Kinder entweder die Botschaft mündlich oder haben eine Papierrolle in der Hand.

Variante: Kinderzimmer

Die Kinder können auch in der Wohnung oder in dem Haus Zimmer (entsprechen den Stationen) ablaufen bis sie ein besprochenes Ziel erreicht haben. Entweder muss die festgelegte Reihenfolge eingehalten werden oder es müssen einfach alle Zimmer betreten worden sein.

Variante: Spielplatz / Garten / Wald

Draußen können die Wege zwischen den Stationen noch länger und komplizierter gewählt werden. Die verschiedensten Hindernisse können durch Balancieren, Klettern, Springen und Rutschen überwunden werden.

Beobachtungs- und Förderschwerpunkte

- sensomotorischer Bereich: Grobmotorik, Koordination
- Feinmotorik
- perzeptiver Bereich: auditive, propriozeptive und vestibuläre Wahrnehmung
- kognitiver Bereich: Handlungsplanung, Merkfähigkeit

Die Taubenpost in der Antike

Geschichte

„Im antiken Griechenland reisten die Sportler zu den Olympischen Spielen mit Brieftauben an. Was sie mit den Tieren vorhatten? Im Falle eines Sieges band der Sportler einen Teil des Zielbandes an den Fuß der Taube und sie flog damit fort. Das Heimatdorf wusste nun über den Sieg des Sportlers Bescheid. Es wurde zum Empfang ein großes Fest gefeiert. Stell Dir vor, dass Du zur Zeit des antiken Griechenlands an den Olympischen Spielen teilnehmen darfst. Welche Disziplinen wurden bei diesen Spielen wohl durchgeführt? Damals wurden vor allem Laufwettkämpfe ausgetragen. Es gab aber auch schon einen Fünfkampf. Zu den Disziplinen gehörten Speerwerfen, Diskuswerfen, Weitsprung, Stadionlauf und Ringkampf. Wir können uns aber auch einen eigenen Mehrkampf überlegen."

Spielvorbereitung/Material

- kurzer Stock oder leere Pappröhre (Speer)
- Papp- oder Plastikteller/Frisbeescheibe (Diskus)
- Maßband, Stoppuhr
- Kissen, Matten (Weitsprung)
- Kegel (Slalom)

Spielablauf

Es werden gemeinsam mit dem Kind Disziplinen ausgedacht und der Wettkampfort vorbereitet. Ein Beispiel für eine Disziplin in einer Turnhalle wäre das Slalomfahren mit Rollbrettern. Es können auch die genannten Disziplinen mit anderem (oben beschriebenem) Material nachgespielt werden. Eine weitere Möglichkeit besteht darin, einen Parcours zu bauen, bei dem die Zeit bei jedem Kind gestoppt wird. Symbolisch darf das schnellste Kind eine Taube entsenden (zum Beispiel einen Ball in eine bestimmte Richtung werfen).

Spielabschluss

Die Sieger werden geehrt.

Variante Gruppe

1. Möglichkeit: Die Kinder absolvieren jede Disziplin gemeinsam nacheinander.
2. Möglichkeit: Je zwei Kinder suchen sich eine Disziplin und schreiben das Resultat des anderen
   auf oder merken es sich. Dann werden die Stationen getauscht, so dass alle Kinder jede Disziplin absolviert haben.

Variante Kinderzimmer

Je nach Möglichkeiten im Kinderzimmer oder in der Wohnung können die Disziplinen angepasst
werden. Kissen, Matratzen oder weiche Matten werden zur Weitsprunggrube. Eine Feder oder ein
abgeschnittenes Streichholz dienen als Speer.

Variante Spielplatz / Garten / Wald

Auch hier können die Disziplinen verändert werden. Kleine Äste und andere Naturmaterialien wie
Kastanien, Eicheln und heruntergefallene Blätter sind zum Einsatz bereit. Spielplatzgeräte können
mit einbezogen werden, so dass neue Disziplinen erfunden werden.

Beobachtungs- und Fördermöglichkeiten

- sensomotorischer Bereich: Grobmotorik, Koordination, Kraftdosierung
- perzeptiver Bereich: vestibuläre Wahrnehmung
- kognitiver Bereich: Aufmerksamkeit, Konzentration

Die reisende Flaschenpost

Geschichte

„Das Dorf ‚Wilde Höhe' wird seinem Namen in vielen Dingen gerecht. Es liegt auf einem hohen Berg. Nur ein Fluss verbindet das Dorf mit anderen Gemeinden. Auf diesem Fluss kann jedoch kein Boot fahren, da die Strömung so stark ist und ständig Wasserfälle den Flusslauf unterbrechen. Es gibt kein Telefon in diesem Dorf und keinen Postdienst. Einmal im Monat kommt ein Hubschrauber mit dem Nötigsten. Die Leute und vor allem Kinder schreiben und erhalten trotzdem regelmäßig Nachrichten aus der ‚Außenwelt'. Sie schreiben Flaschenpostbriefe mit kleinen Wünschen. Die Bewohner aus den Dörfern im Flusstal senden dann Bergtauben mit kleinen Geschenken in das Dorf ‚Wilde Höhe'."

Spielvorbereitung / Material

- Berg (Matten aufeinander türmen, Couch, Bett)
- Leere Plastikfaschen, eventuell Schnur
- Fluss (Krabbeltunnel oder Pappröhre mit großem Durchmesser)
- Papier, Stifte, kleine Gegenstände, kleine Tüten und Schnüre

Spielablauf

Das Kind baut gemeinsam mit dem Spielleiter die Berglandschaft nach. Auf dem Berg sitzend malt das Kind seine Wünsche auf ein Blatt und steckt den Zettel in die Flasche. Diese wirft das Kind in den Fluss (Tunnel). Der Spielleiter holt den Zettel aus der Flasche und schaut, welcher Gegenstand benötigt wird. Dieser Gegenstand wird an den Vogel gebunden (in die Tüte gesteckt) und auf den Berg geworfen. Das Kind vom Bergdorf schaut nach, ob es der richtige Gegenstand ist. Die Rollen können getauscht werden. Dann kann das Kind die zuvor vom Spielleiter versteckten Gegenstände suchen. Noch mehr Freude bereitet das Spiel, wenn 2 Kinder mitspielen.

Spielabschluss

Die Kinder dürfen ihre Flaschenpostzettel ausmalen und auf eine leere Flasche kleben. Alle Flaschen werden aufgestellt und es kann gekegelt oder Slalom gehüpft oder gefahren werden.

Postspiele

Variante Gruppe

Ab drei teilnehmenden Kindern, kann die Anzahl der Flaschen erhöht werden. Es sendet zum Beispiel nur ein Kind im Bergdorf verschiedene Wünsche an mehrere Kinder aus dem Tal. Diese versuchen dann möglichst schnell die Wünsche zu finden und zurückzusenden. Hier kann auch ein kleiner Wettkampf entstehen, indem die erfolgreich zurückgesendeten Wünsche der Talkinder gezählt werden.

Variante Kinderzimmer

Im Kinderzimmer kann das Bett oder eine Couch auch als Berg genutzt werden. Ein Tunnel kann auch leicht selbst gebaut werden. Zum Beispiel, wenn ein Karton an beiden Enden geöffnet wird.

Variante Spielplatz / Garten / Wald

Es wird eine Erhöhung benötigt, auf der das Kind auch die Möglichkeit zum Malen hat. Die Sicherheit geht natürlich vor. Das kann ein Baumhaus oder ein erhöhtes Spielhaus auf dem Spielplatz sein. Die Flasche kann auch an einer Schnur heruntergelassen werden und leer wieder heraufgezogen werden.

Beobachtungs- und Förderschwerpunkte

- Feinmotorik, Grafomotorik
- sensomotorischer Bereich: Koordination
- kognitiver Bereich: Aufmerksamkeit, Konzentration, Merkfähigkeit, Handlungsplanung
- perzeptiver Bereich: visuelle Wahrnehmung

Der Postbote

Geschichte

„Du hast bestimmt schon einmal einen Postboten gesehen, nicht wahr?! Postboten gibt es einfach überall. Im Schwarzwald gibt es Postboten, die im Winter auf Langlaufskiern ihre Post verteilen. Die Postboten im Spreewald fahren im Sommer mit einem Kahn, und zwischen den Inseln in der Nordsee fahren sie mit dem Boot. Ansonsten laufen sie mit dem Zustellwagen, fahren mit dem Postfahrrad, dem Moped oder Motorroller. Wenn sie große Pakete verteilen, nutzen sie den Pkw oder den Kleintransporter. Bevor die Postboten jedoch ihre Postsendungen ausliefern, sortieren sie die Briefe im Zustellstützpunkt. Sie bringen die Briefe in die Reihenfolge, in der sie ausgeteilt werden sollen. Dann beginnt erst die Auslieferung."

Spielvorbereitung / Material

- Deutschlandkarte (Vorlage)
- großer Karton mit entweder (alten) Briefumschlägen und Päckchen oder mit dünnen Bauklötzen; auf diesen sind Punkte aufgemalt / aufgeklebt in frei wählbaren Farben
- Kartons, Kisten oder Matten / Kissenstapel als Briefkästen / Häuser
- Buntpapier: hierauf werden vom Kind Kreise aufgemalt und dann ausgeschnitten; Kleber (bunte Kreise werden an die Briefkästen der Häuser befestigt)
- Spielgeräte wie Matten, Kissen, Seile, Rollbrett, Tretauto, kurze / schmale Teppichstreifen als Ski, eventuell Hüpfball, Bobbycar

Spielablauf

Das Kind darf Postbote sein. Zuerst werden die Aufgaben des Postboten wiederholt (Briefe sortieren, in die richtige Reihenfolge der Auslieferung bringen, die Briefe austeilen). Das Kind darf sich auf der Deutschlandkarte eine Gegend aussuchen und diese mit Spielgeräten nachbauen. Die Karte ist durch weitere, besondere Gegenden durch Einzeichnen erweiterbar.
Die „Häuser" werden mit farbigen Punkten vom Kind gekennzeichnet. Die Kiste mit der Post wird dem Kind übergeben. Das Kind nennt noch einmal kurz seine Aufgaben als Postbote. Es darf sich den besten Weg überlegen (danach wird die Post sortiert) und ein Transportmittel aussuchen. Dann beginnt die Auslieferung.

Spielabschluss

Das Kind darf einen eigenen Brief gestalten. Es malt oder schreibt eine kleine Geschichte und stellt vielleicht sogar selbst einen Briefumschlag her.

Geschichte

„Die Postboten in Dresden sind schwer bepackt mit Posttaschen oder Briefbehältern.
In Dresden gibt es die verschiedensten Gegenden, in denen Post verteilt wird. Da sind zum einen
die steilen Wege in Loschwitz, die holprigen Straßen in Striesen und zum anderen die dörfliche
Gegend von Weixdorf/Langebrück, Schönfeld-Weißig oder Dölzschen. Jeder Postbote hat seine
Straßen, die er abfährt.“

Spielvorbereitung/Material

- Stadtplan von Dresden (Vorlage)
- großer Karton mit entweder richtigen (alten) Briefumschlägen und Päckchen oder mit dünnen
  Bauklötzen. Auf diesen sind Zahlen aufgeklebt oder gemalt. (Buntpapier, Stifte, Klebestift)
- Spielgeräte wie Matten, Kissen, Kartons (Häuser), Seile, Rollbrett, Pedalo, Tretauto

Spielablauf

Zuerst werden die Aufgaben eines Postboten besprochen (Briefe sortieren, in die beste Reihenfolge bringen und austeilen). Dann darf sich das Kind einen Stadtteil von Dresden aussuchen und
die Gegend mit den vorhandenen Geräten nachbauen. Auf die Häuser werden Zahlen geklebt oder
gemalt. Die Kiste mit den Briefen und Paketen wird dem Kind übergeben. Das Vorgehen des Kindes wird besprochen (z. B. die Briefe werden nach Zahlen ausgeteilt).
Als Transportmittel ist das Fahrrad vorgegeben (Darstellung durch mehrere Sportgeräte möglich).
Das Kind darf auch in einer anderen Stadt, von der es die Stadtteile kennt, Postbote spielen.

Spielabschluss

Das Kind kann selbst einen Brief entwerfen und verschicken (an die Eltern/Oma oder an einen
Freund).

Variante Gruppe

1. Möglichkeit: Die Kinder spielen im Team. Ein Kind transportiert die Post zum Zustellstützpunkt
   (immer nur ein paar Briefe). Ein anderes Kind sortiert die Briefe und legt damit den Ausliefe-
   rungsweg fest. Ein weiteres Kind teilt die Post aus.
2. Möglichkeit: Es werden zwei Teams gebildet, die gegeneinander antreten (Abläufe wie bei 1.).
   Entscheidend für den Sieg ist die Schnelligkeit und Richtigkeit der Postauslieferung.

Postspiele

Variante: Kinderzimmer

Im Kinderzimmer können die Briefkästen der Häuser in einer Reihe auf dem Bett, auf Kommoden oder einfach auf dem Boden platziert werden. Das Kind kann auch mit dem Bobbycar oder mit einem Hüpfball die Briefe verteilen.

Variante: Spielplatz/Garten/Wald

In der Natur kann das Kind zu einem Tierpostboten werden. Die Tiere versenden Naturmaterialien. Die Spielplatzgeräte oder Bäume werden mit farbigen Bändchen markiert. Die gesammelten Materialien aus der Natur (heruntergefallene Blätter, Baumfrüchte, Rinde, Äste) werden Farben und damit den Auslieferungsorten zugeordnet. Die Orte können so gewählt werden, dass die Kinder zum Teil auch klettern, krabbeln oder sich bücken müssen. Bevor die Auslieferung beginnt, kann ein Plan in die Erde, in den Sand gemalt werden.

Beobachtungs- und Förderschwerpunkte

- Feinmotorik, Grafomotorik
- sensomotorischer Bereich: Grobmotorik, Koordination
- perzeptiver Bereich: vestibuläre Wahrnehmung
- kognitiver Bereich: Aufmerksamkeit, Konzentration, Handlungsplanung, Farben/Formen erkennen, Orientierungsfähigkeit

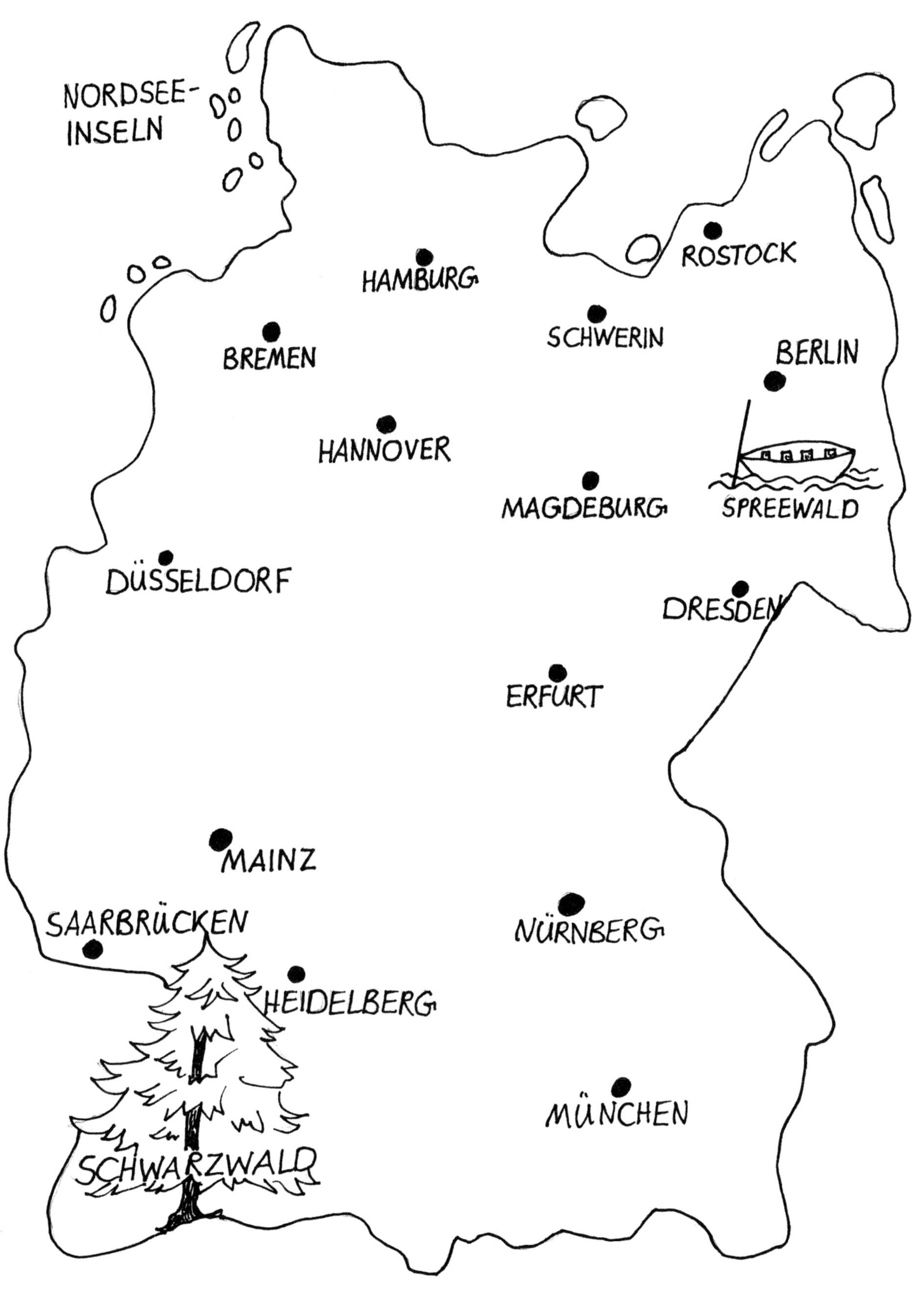

Vorlage: Deutschland

DRESDEN

 Vorlage: Dresden Karte

Der tanzende Straßenfeger

Geschichte

„Herr Fröhlich wohnt mit seiner Familie in einem Dorf. Er ist sehr ordentlich und kehrt oft den Fußweg vor seinem Haus. Meist macht er dabei ein grimmiges Gesicht, denn sein Arbeitserfolg hält nicht lange an. Am nächsten Tag ist der Weg vor dem Haus schon wieder übersät mit Dreck. Ob da wohl der gemeine Schmutzkobold dahinter steckt? Vor kurzem hat Herr Fröhlich mit viel Freude einen Tanzkurs mit seiner Frau begonnen. Seitdem gehen ihm die Tanzfiguren nicht mehr aus dem Kopf. Beim Straßenfegen ist er so vertieft in die Tanzschritte, dass er zu tanzen beginnt. Seitdem ist der Weg vor dem Haus immer sauber. Andere Dorfbewohner schauen sich die Tanzschritte ab.“

Spielvorbereitung / Material

- Besen
- Material („Schmutz“) zum Fegen (Bälle, Tücher, kleine Reifen, Zeitungen, …)
- Tanzschritte von Herrn Fröhlich (Vorlage)

Spielablauf

Das Kind darf den gemeinen Schmutzkobold spielen und im Raum Papierschnipsel verteilen. Dann zieht das Kind eine Karte mit einem Tanzschritt von Herrn Fröhlich. Gemeinsam mit dem Spielleiter versucht das Kind, die Schritte nachzutanzen. Wenn das gelingt, kann beim Tanzen noch der Schmutz weggefegt werden.
Als weitere Steigerung können gereimte Sprüche dienen (zum Beispiel: Schritt an Schritt, Seit an Seit, dann bist du fröhlich alle Zeit.)

Spielabschluss

Es können eigene Ideen vom Kind realisiert werden. Zum Beispiel wäre auch „Besen-Hockey“ möglich. Ein kleiner Ball oder Reifen dient als Puck. Die Tore werden mit vorhandenem Material angedeutet.

Variante Gruppe

1. Möglichkeit: Alle Kinder tanzen nach derselben Karte.
2. Möglichkeit: Jedes Kind zieht eine andere Tanzkarte und übt leise für sich.
3. Möglichkeit: Es werden zwei Gruppen gebildet. Diese treten gegeneinander an. Wer am meisten Schmutz an einen bestimmten Ort geschafft hat, ist der Gewinner. Jede Gruppe hat eine eigene Tanzkarte.

Variante Kinderzimmer

Im aufgeräumten Kinderzimmer oder in einem größeren Flur kann das Spiel gut zur Anwendung kommen. Der Merkspruch kann auch durch ein zu lernendes Gedicht bei Schulkindern ersetzt werden. Kindergartenkinder können auch ein Lied dabei singen und werden textsicherer.

Variante Garten / Spielplatz / Wald

Für das Spiel ist ein Untergrund wie Rasenfläche oder Sand ungünstig. Am besten geeignet sind gepflasterte Bereiche oder eine verkehrsberuhigte Zone auf der Straße. Hier können die Entfernungen auch nach Möglichkeit vergrößert werden, so dass sich die Kinder mehr bewegen.

Beobachtungs- und Förderschwerpunkte

- sensomotorischer Bereich: Koordination, Grobmotorik
- perzeptiver Bereich: vestibuläre Wahrnehmung, propriozeptive Wahrnehmung
- kognitiver Bereich: Konzentration, Aufmerksamkeit, Merkfähigkeit

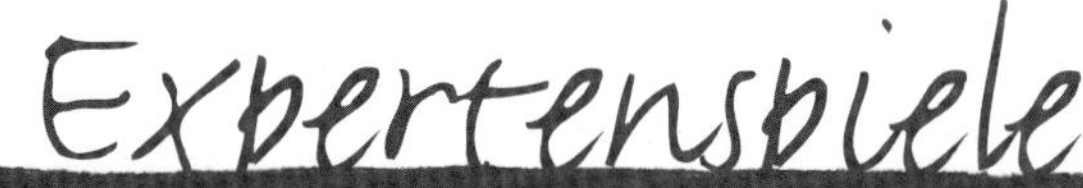

Raum für eigene Ideen

Vorlage: Tanzschritte

Tierspurenexperte

Geschichte

„Tiere wie zum Beispiel Füchse, Rehe, Hasen oder Mäuse hinterlassen Spuren im Boden oder im Schnee. Aber wie sehen die Spuren denn eigentlich aus? Eine Schule in Schweden bildet neuerdings ‚Tierspurenexperten' aus. Du darfst einen Kurs in der Spurenschule besuchen und Tierspurenexperte werden."

Spielvorbereitung/Material

- Karten mit Tierspuren in doppelter Ausführung/Tieren, Urkunde (Vorlagen)
- Wald oder Wald mit Kegeln nachgebaut
- Seile als Spinnennetze gespannt
- andere Sportgeräte (z. B. Bank als umgefallener Baum)

Spielablauf

Zur Einführung werden die Tiere des Waldes besprochen. Welche Tiere kennen die Kinder und wie könnten die Spuren aussehen?

1. Lektion: Spuren finden
   Der Spielleiter versteckt die Spuren im „Wald". Das Kind läuft Slalom um die Bäume, versucht nicht an Spinnennetzen hängenzubleiben und sucht die Tierspuren. Wenn das Kind eine Tierspur gefunden hat, darf es eine von zwei vorhandenen mitnehmen. Wenn von allen Tieren die Spuren gefunden wurden, ist die Lektion geschafft.
2. Lektion: Spuren zuordnen
   Das Kind darf zuerst raten, welche Spur zu welchem Tier gehört. Dann ordnet der Spielleiter die Spuren nacheinander zu. Das Kind versucht, sich so viele Spuren wie möglich zu merken.
3. Lektion: Kleine Prüfung
   Aus den Tierkarten darf sich nun das Kind nacheinander eine heraussuchen. Mit dieser Karte geht das Kind wieder in den Wald wie in Lektion 1. Es versucht die passende Spur für das Tier zu finden. Wenn das Kind ein Paar (Spur und Tier) richtig zugeordnet hat, geht es zu einer „Lichtung" und legt das Paar ab. Das Spiel geht so lange, bis das Kind alle Tierpaare, die es nun kennt, beisammen hat. Bei weniger als 4 gefundenen oder zugeordneten Tierspuren darf die Prüfung wiederholt werden.

Spielabschluss

Das Kind erhält die Tierspurenexperten-Urkunde und darf diese ausmalen. Mit den Tierspurkarten kann Memory gespielt werden.

Variante Gruppe

Die Kinder suchen die Tierspuren gemeinsam. Beim Zuordnen der Tiere helfen alle mit. Die kleine Prüfung kann einzeln nacheinander oder gemeinsam wettkampfähnlich gestaltet werden.

Variante: Kinderzimmer

Es können auch Tierspuren in der Wohnung verteilt werden. Zum Beispiel könnte in jedem Raum ein anderes Tier wohnen. Die Tiere könnten sich auch besuchen oder Zimmer tauschen. Diese Erweiterung eignet sich zur Förderung der Merkfähigkeit.

Variante: Spielplatz / Garten / Wald

Die Tierspurkarten können mit einem Loch und Faden auch an Klettergerüsten befestigt werden. Dem Tier kann dann hinterhergeklettert werden.
Im Wald kann auch nach echten Tierspuren gesucht werden und diese werden dann mit den Karten verglichen. Alternativ können die Karten weggelassen und mit einem Stock Tierspuren in den Waldboden gezeichnet werden. Ein Übersichtsblatt kann den Kindern helfen, die Tierspuren zuzuordnen.

Beobachtungs- und Förderschwerpunkte

- perzeptiver Bereich: visuelle Wahrnehmung
- kognitiver Bereich: Merkfähigkeit, Aufmerksamkeit, Konzentration
- sensomotorischer Bereich: Grobmotorik, Koordination

Vorlage: Tierspurenübersicht

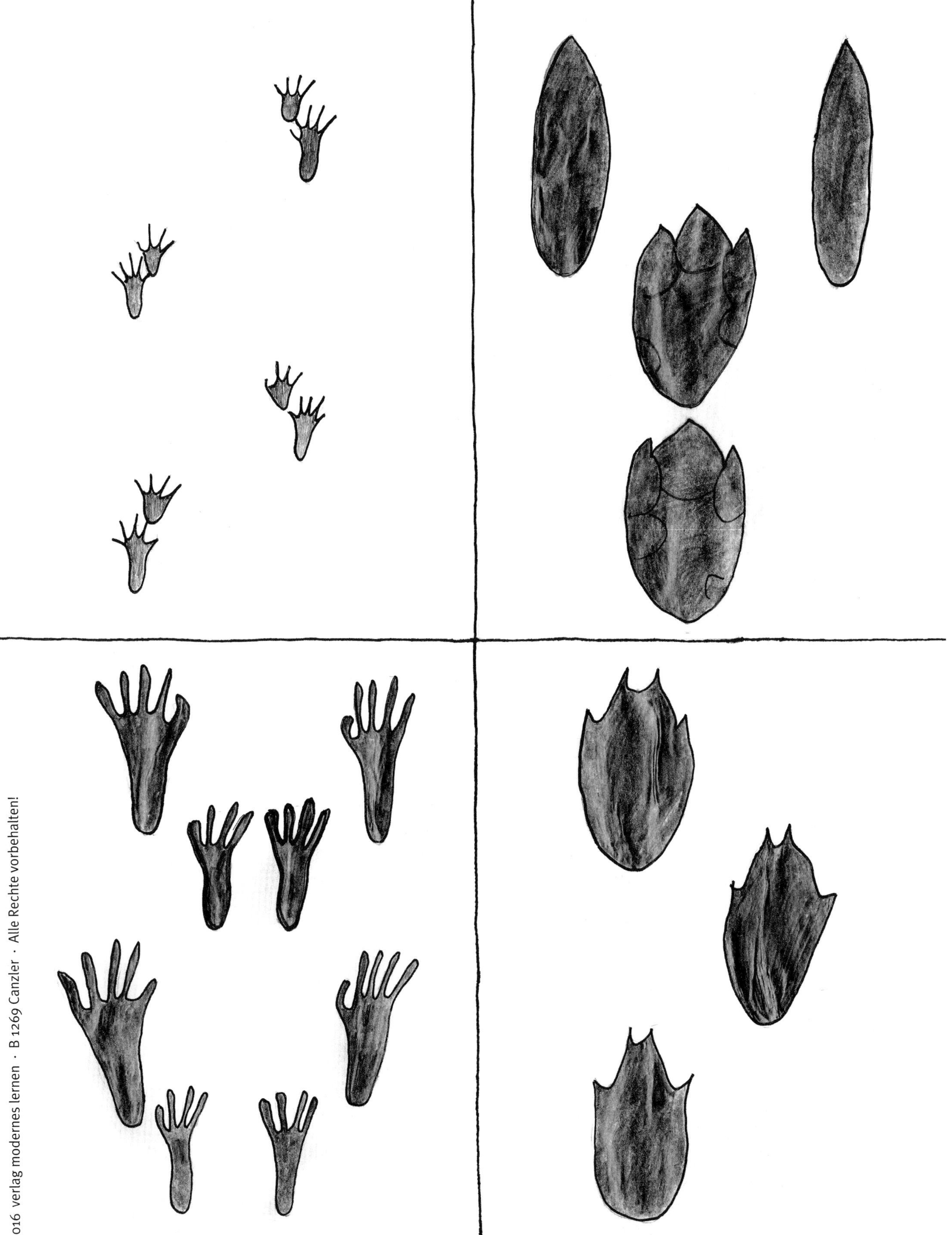

Vorlage: Tierspurenkarte

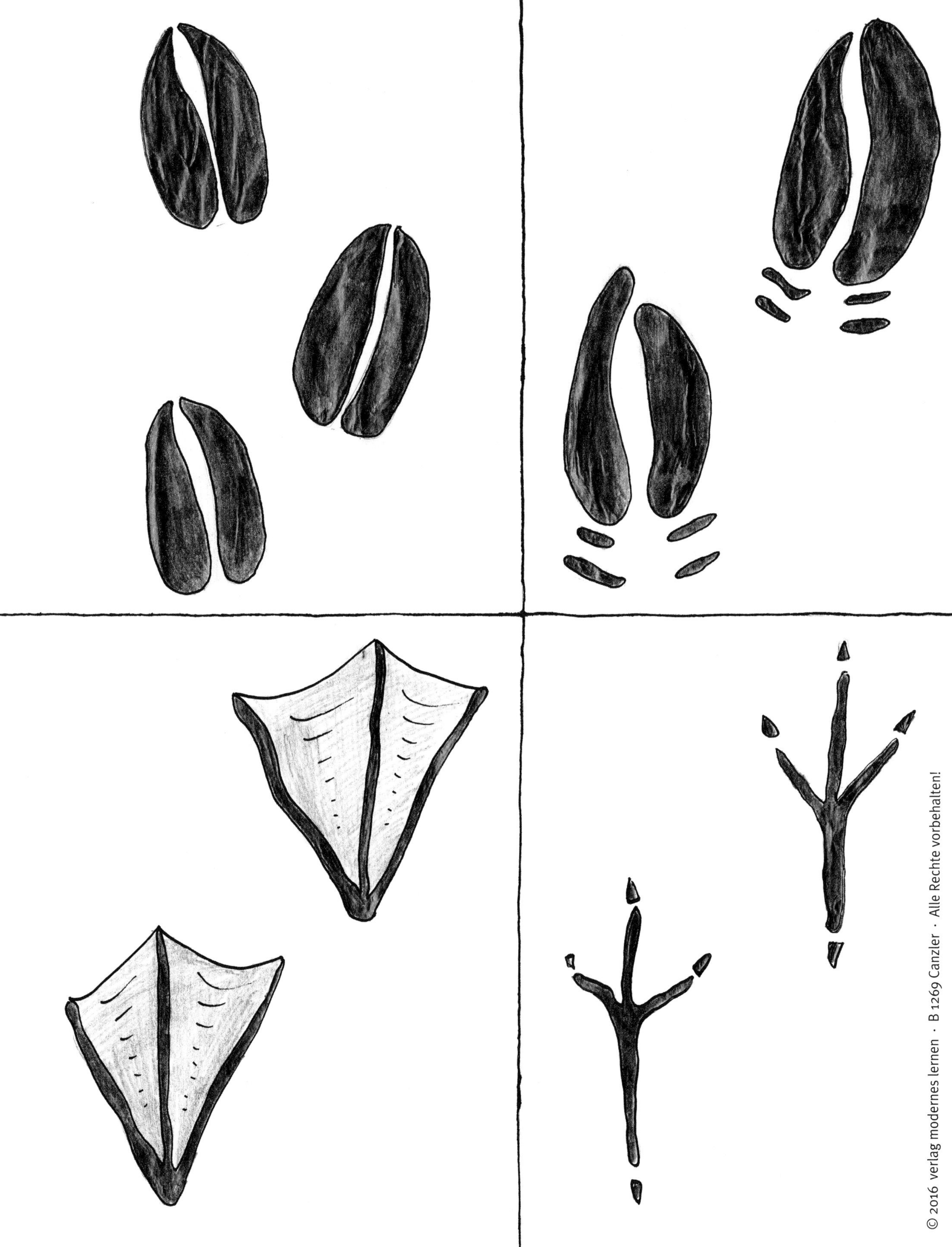

 Vorlage: Tierspurenkarte

TIERSPURENEXPERTE

NAME _______________

DATUM _______________

Vorlage: Urkunde Tierspurenexperte

Die Europameisterschaft der Tiere

Geschichte

„Die verschiedensten Tiere aus ganz Europa haben sich für die EM qualifiziert. Frösche, Mäuse, Katzen und viele andere Tiere stürmen zum Wettkampfort. Es gibt ganz andere Disziplinen als bei den Menschen. Die Tiere müssen alle Sportarten absolvieren. Es gibt Medaillen in sechs Disziplinen. Zum Schluss wird der Gesamtsieger ermittelt."

Spielvorbereitung / Material

- Urkunde (Papier, Stifte)

  Disziplinen:
  1) Würmer fangen (evtl. kleine Woll- oder Gummifäden)
  2) Baumklettern (Klettergerüst, Stange oder stabiler Baum)
  3) Höhlenkriechen (Stuhlreihe + Decke oder Krabbeltunnel)
  4) Kastanienzielwerfen (Kastanien, Reifen oder Ringe)
  5) Seeblattspringen (Zeitungen, Matten oder Hüpfbretter)
  6) Feldslalom (Kegel, Plastikflaschen oder Bäume)

  Tierbeispiele: Hase, Katze, Vogel, Maus, Fuchs, Bär

Spielablauf

Das Kind wählt ein Tier. Beim Besprechen der Disziplinen, werden diese gemeinsam mit dem Spielleiter aufgebaut. Das Kind wird angeregt, sich in das Tier hineinzuversetzen (z.B.: Wie könnte ein Frosch hüpfen? Wie springt ein Fuchs oder hat er einen Trick?). Das Kind darf mit jedem Tier die Disziplinen absolvieren. Dann werden die Punkte verglichen und ein Tier als Gewinner benannt. Die Punkte werden je nach Anzahl (z.B. gefangene Würmer in bestimmter Zeit), Höhe (Baumklettern), Schnelligkeit (Höhlenkriechen, Feldslalom) und Genauigkeit (Zielwerfen, Seeblattspringen) vergeben. Noch größere Freude bereitet das Spiel, wenn mehrere Kinder teilnehmen.

Spielabschluss

Es findet eine Siegerehrung statt. Jedes Tier erhält eine Urkunde und einen kleinen Preis (Was frisst das Tier am liebsten?).

Expertenspiele

Variante Gruppe

Jedes Kind wählt ein Tier.
1) Variante: Die Tiere treten nacheinander gegeneinander an.
2) Variante: Immer zwei Tiere treten zugleich gegeneinander an. Dann wieder die Sieger gegeneinander, bis ein Gewinner feststeht.
3) Variante: Die Tiere bilden Zweierteams mit gleichen oder verschiedenen Tieren, die Punkte sammeln.

Variante: Kinderzimmer

Im Kinderzimmer können die Disziplinen an die Möglichkeiten angepasst werden.
Als Abschluss könnte daraus auch ein Aufräumspiel entstehen: Die verschiedenen Tiere transportieren auf ihre Weise die herumliegenden Dinge und räumen auf.

Variante: Spielplatz / Garten / Wald

Auf dem Spielplatz gibt es noch mehr Ideen für Disziplinen. Beispiele wären: Schaukelweitsprung, Tannenzapfenabwerfen oder Bergrutschen auf Zeit.
Es ist auch ein Parcours denkbar, bei dem verschiedene Disziplinen kombiniert werden. Dabei wird eine vorher vereinbarte Wegstrecke über den Spielplatz oder durch den Wald absolviert.

Beobachtungs- und Förderschwerpunkte:

- sensomotorischer Bereich: Grob-/Körpermotorik, Koordination/Bilateralintegration
- perzeptiver Bereich: vestibuläre Wahrnehmung
- kognitiver Bereich: Genauigkeit, Aufmerksamkeit, Konzentration

URKUNDE FÜR ______

 Vorlage: Urkunde

Auf Weltreise

Geschichte

„Tom hat einen Traum: Er möchte die Welt bereisen und dabei viele Länder und Kulturen kennenlernen. Leider haben Toms Eltern wenig Geld. Tom wünscht sich zu seinen Geburtstagen nichts
sehnlicher als Reisebeschreibungen. Bald hat er eine große Sammlung, und er weiß viel über die
Kulturen der Länder. Tom ist sehr sparsam. Als Tom erwachsen ist, hat er in seiner Reisespardose
genügend Geld gespart, um ein paar Wochen zu reisen. Er beschließt, in die Welt zu ziehen. So-
bald sich das Geld dem Ende neigt, möchte er sich eine Arbeit suchen und dann weiterreisen. Das
wird ein tolles Abenteuer."

Spielvorbereitung / Material

- Matten, Kissen oder Decken als Länder
- je nach Arbeit in den Ländern: verschiedene Sportgeräte (Rollbrett, Bänke, Seile, Sprossenwand, Schaukel, Hängematte, …)
- Papierschnipsel oder kleine Steine als Geld
- Papier und Stifte, Globus oder Weltkarte; Wahrzeichen-Karten (Vorlage)

Spielablauf

Das Kind überlegt gemeinsam mit dem Spielleiter, welche Länder es bereisen möchte und in wel-
chen Ländern Arbeit möglich ist. Der Globus kann als Hilfe eingesetzt werden. Es baut mit allen zur
Verfügung stehenden Materialien / Sportgeräten diese Länder nach. Zwischen den Ländern kann
sich das Kind verschiedene Transportmittel überlegen (z. B. Schiff = Rollbrett; Flugzeug = Hängematte).
Das Kind durchläuft den Parcours. In jedem Land und bei jeder Überfahrt bezahlt es mit Papier-
scheinen oder Steinen aus seinem Geldbeutel. Wenn das Geld aufgebraucht ist, geht es „ar-
beiten". Es werden die Sehenswürdigkeiten der Länder besprochen (z. B.: Tower Bridge in London / Großbritannien, Brandenburger Tor in Berlin), die das Kind schon kennt oder kennenlernen
möchte. Wenn ein Land vom Kind „bereist" wurde, darf es eine Wahrzeichen-Karte mitnehmen. Es
können noch mehr Wahrzeichen von Ländern entworfen werden.

Beispiele für Länder und Arbeitsmöglichkeiten

Land und Sehenswürdigkeit	Arbeit	Umsetzung
Ägypten (Pyramiden von Gizeh)	Kamelführer	Der Kamelführer reitet auf der Schaukel, Pferdeschaukel oder länglichen Kissen/Matten, Kind führt Gruppe durch die Wüste, Ziel sind die Pyramiden.
Großbritannien/Irland/Neuseeland (Tower Bridge, Big Ben)	Schafe hüten	Die Schafe werden über die Berge geführt. (Berglandschaft aus Matten, Kissen, Bänken)
Deutschland (Brandenburger Tor)	am Hafen Schiffe ent- und beladen	Es werden verschiedene Transportgüter besprochen, Schiffe entladen und die Ware ein Stück in die Halle transportiert. Dann werden die Schiffe wieder beladen.
Norwegen (Geirangerfjord)	angeln	Das Kind sitzt oder liegt auf dem Boot (Rollbrett, Plattformschaukel, Hängematte) und versucht, die Fische zu fangen (Magnetangel und Papierfische mit magnetischem Gegenstück).
Italien/Frankreich (Eiffelturm)	Weintraubenernten	Zwischen zwei festen Stangen mehrere Leinen/Seile spannen, an denen die Trauben (z. B. aus Papier) mit Wäscheklammern befestigt sind. Die Trauben auf verschiedene Art und Weise pflücken lassen: zum Beispiel in Rückenlage auf dem Rollbrett an den Seilen entlang ziehen und dabei die Trauben einsammeln.
USA/Amerika (Freiheitsstatue)	Gold suchen	In einem Erbsen- oder Bohnenbad werden kleine Murmeln oder glänzende Perlen versteckt. Unter einem Handtuch (wie im Fluss) kann das Kind die „Goldklumpen" finden.
Südamerika (zum Beispiel Peru, Bolivien, Chile) (Machu Picchu)	Eselführer	Das Kind lernt eine abenteuerliche Wanderroute kennen (Parcours aufbauen) und darf der Wanderführer mit dem Gepäckesel sein. Es geht über Schluchten, gefährliche Anstiege hinauf und durch Flüsse.
China (Chinesische-Mauer)	die Mauer nachbauen	Das Kind darf die chinesische Mauer im Kleinformat für ein Museum nachbauen. Um die Stabilität der Mauer zu testen, darf es auf ihr balancieren.

Spielabschluss

Das Kind kommt wieder nach Hause und berichtet über seine Erlebnisse. Es kann auch ein Bild oder eine Karte mit der Reiseroute gemalt werden. Die Wahrzeichenbilder können ausgemalt oder es kann eine Collage daraus hergestellt werden.

Variante Gruppe

1. Möglichkeit: Die Kinder reisen gemeinsam. Ein Kind bekommt den Geldbeutel und ist für das Geld verantwortlich. Ein weiteres Kind könnte für die Besorgung der Transportmittel zuständig sein. Ein anderes Kind kennt sich gut mit den Sehenswürdigkeiten aus und bestimmt die Reiseroute. Die Rollen können natürlich getauscht werden.
2. Möglichkeit: Die Kinder reisen einzeln und berichten am Schluss über ihre Erlebnisse und vergleichen den Inhalt ihrer Geldbeutel.

Variante: Kinderzimmer

In jedem Zimmer der Wohnung oder des Hauses kann sich ein Land befinden, das auf verschiedene Art und Weise bereist wird. Vielleicht gibt es bereits Andenken aus schon absolvierten Reisen, die als Gedankenstütze mit genutzt werden können.

Variante: Spielplatz / Garten / Wald

Das Gelände oder der Spielplatz kann ebenfalls in Länder aufgeteilt werden. Naturmaterialien oder Sandskizzen, die an bestimmten Stellen angebracht werden, dienen als Erinnerung an das Land. Verschiedenste Geräte können als Verbindung zwischen den Ländern dienen.

Beobachtungs- und Fördermöglichkeiten

- Sensomotorischer Bereich: Grob- und Körpermotorik, Koordination / Bilateralintegration, Kraft- und Bewegungsdosierung
- Perzeptiver Bereich: propriozeptive Wahrnehmung, vestibuläre Wahrnehmung, visuelle Wahrnehmung, taktile Wahrnehmung
- Feinmotorik
- kognitiver Bereich: Aufmerksamkeit, Konzentration, Handlungsplanung, mathematische Fertigkeiten (Geld zählen / rechnen)

 Vorlage: Sehenswürdigkeiten

Vorlage: Sehenswürdigkeiten

Vorlage: Sehenswürdigkeiten

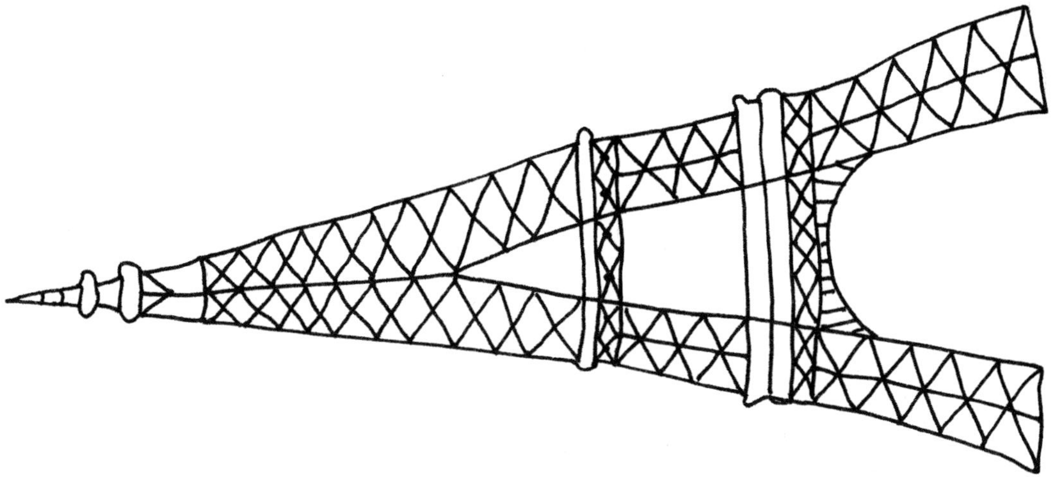

Vorlage: Sehenswürdigkeiten

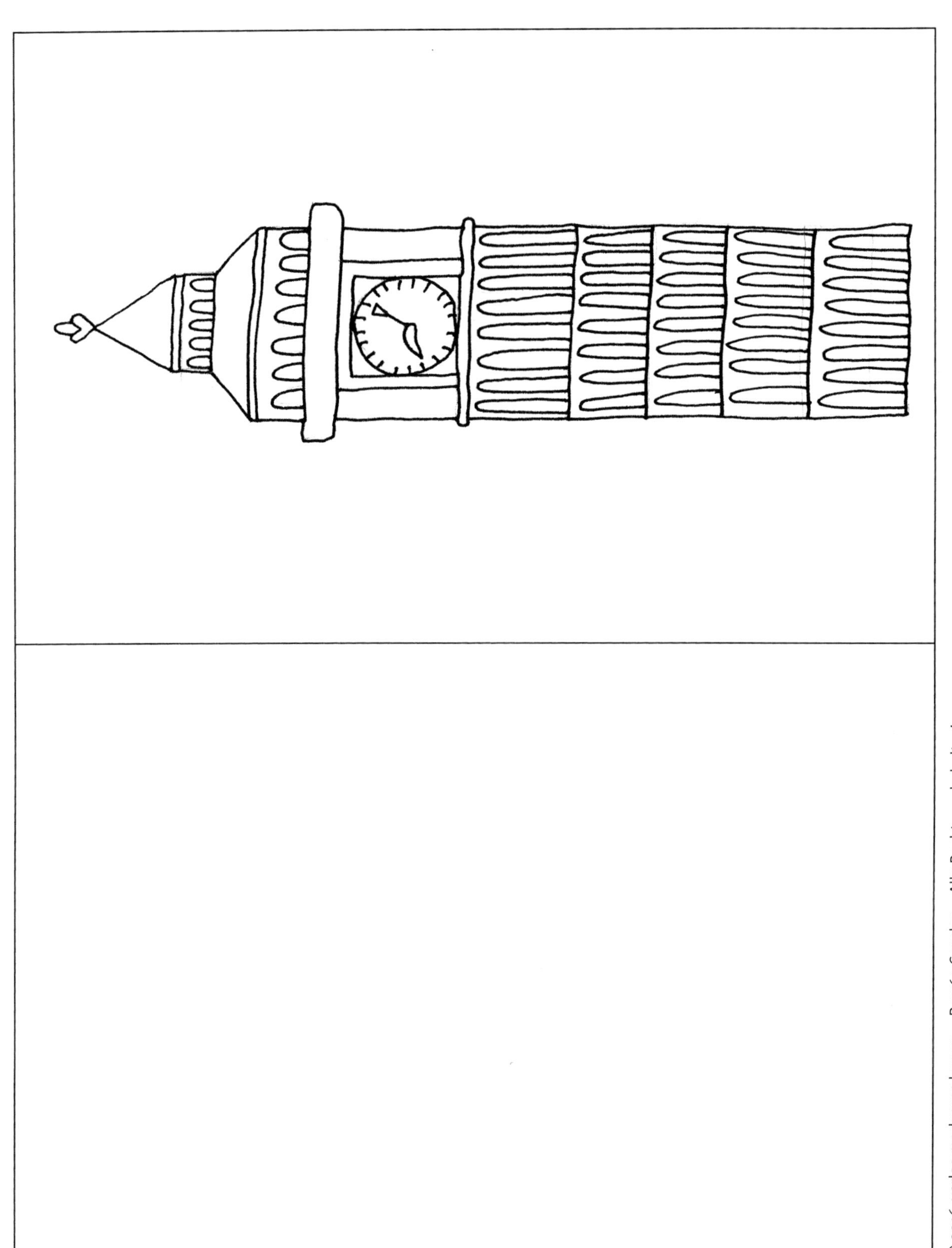

 Vorlage: Sehenswürdigkeiten

Die Zauberformenkamera

Geschichte

„Familie Schau macht eine Urlaubsreise nach England. Sie wohnen in einem kleinen Ferienhaus in einem Vorort von London. Lisa und Marcel durchstöbern das Haus, während ihre Eltern die Sachen aus den Koffern in die Schränke einsortieren. Sie entdecken im Boden eine lose Fliese, heben sie hoch und darunter liegt eine kleine, alte Kamera. Sie freuen sich und fotografieren viele Dinge: Brücken, Türme, Häuser und auch Bäume und Blumen. Als sie wieder zu Hause sind, lassen sie den Film der Kamera entwickeln. Lisa und Marcel sind erst enttäuscht, denn auf den Bildern sehen sie nur Formen. Es sind noch Fotos von weiteren Urlaubsreisen auf dem Film. Schon bald raten sie und erinnern sich freudig, was sich hinter den Zauberformen versteckt.“

Spielvorbereitung / Material:

- gebastelte Kamera (z. B. Schuhkarton ohne Deckel mit seitlichem Schlitz zum Einführen von Vergleichsbildern und zwei großen Löchern auf dem Boden zum Durchschauen)
- Sehenswürdigkeiten Bilder („Auf Weltreise) und passende Formenbilder (Vorlagen)
- Bausteine mit unterschiedlichen Formen
- eventuell Fortbewegungsgerät (Rollbrett, Bobbycar, Pedalo) → Bus, U-Bahn, Zug, Straßenbahn, Taxi
- Papier und Stifte

1. Spielablauf: Fotoabgleich

Die vorhandenen Bilder mit den Sehenswürdigkeiten werden im Raum verteilt. Das Kind darf entweder zu Fuß oder mit einem Fortbewegungsgerät die Sehenswürdigkeiten erreichen. Die Formenbilder nimmt das Kind mit. Ziel ist es, das passende Formenbild einer Sehenswürdigkeit zuzuordnen. Dazu kann das Kind die Formenbilder nacheinander in die „Kamera" (diese kann zuvor gemeinsam mit dem Kind hergestellt werden) schieben und mit der Sehenswürdigkeit vergleichen.

2. Spielablauf: Bauen

Das Kind geht oder fährt zu den im Raum verteilten Sehenswürdigkeiten und versucht, diese mit Bausteinen nachzubauen. Dann wird mit der Kamera und den Formenbildern geschaut, ob sich die Bauwerke des Kindes und die Formenbilder ähneln.

3. Spielablauf: Zeichnen

Die Sehenswürdigkeiten liegen wieder im Raum verteilt. Das Kind versucht mit Stift und Papier, die Sehenswürdigkeiten abzuzeichnen. Dabei werden nur bestimmte Formen verwendet und die Zeichnung dadurch extrem vereinfacht. Die Zeichnungen können dann mit den Formenbildern verglichen werden.

Spielabschluss

Der Spielleiter und die Kinder besprechen die Orte und Namen der Sehenswürdigkeiten.

Variante: Gruppe

1. Möglichkeit: Die Kinder beschäftigen sich (vergleichen, bauen, zeichnen) jeder mit einer Sehenswürdigkeit und tauschen dann. Zum Schluss werden die Resultate bestaunt.
2. Möglichkeit: Es werden Teams aus jeweils zwei Kindern gebildet. Ein Kind baut mit Bausteinen, das zweite Kind zeichnet.

Variante: Kinderzimmer

Es können auch andere Urlaubsfotos hinzugenommen werden. Im Kinderzimmer können auch Möbel nachgebaut und mit den einfachen Formen gezeichnet werden. Hier kann auch mehr Zeit mit dem Bau der Kamera (z. B. Anmalen) verbracht werden.

Variante: Spielplatz / Garten / Wald

In der Natur können Bäume, Blumen, Gebäude, Zäune und Spielplatzgeräte mit den einfachen Formen dargestellt werden. Die Kamera wird auf die Natur gerichtet und ein Ausschnitt oder ein einzelnes Element (z. B. Baum) dient als Vorbild. Jeder zeichnet für sich und am Schluss kann dann geraten werden, was die Vorbilder der Zeichnungen waren.

Beobachtungs- und Förderschwerpunkte

- perzeptiver Bereich: visuelle Wahrnehmung
- Feinmotorik / Grafomotorik
- kognitiver Bereich: Handlungsplanung, Konzentration, Aufmerksamkeit, Merkfähigkeit
- sensomotorischer Bereich: Grobmotorik, Koordination

Reisespiele

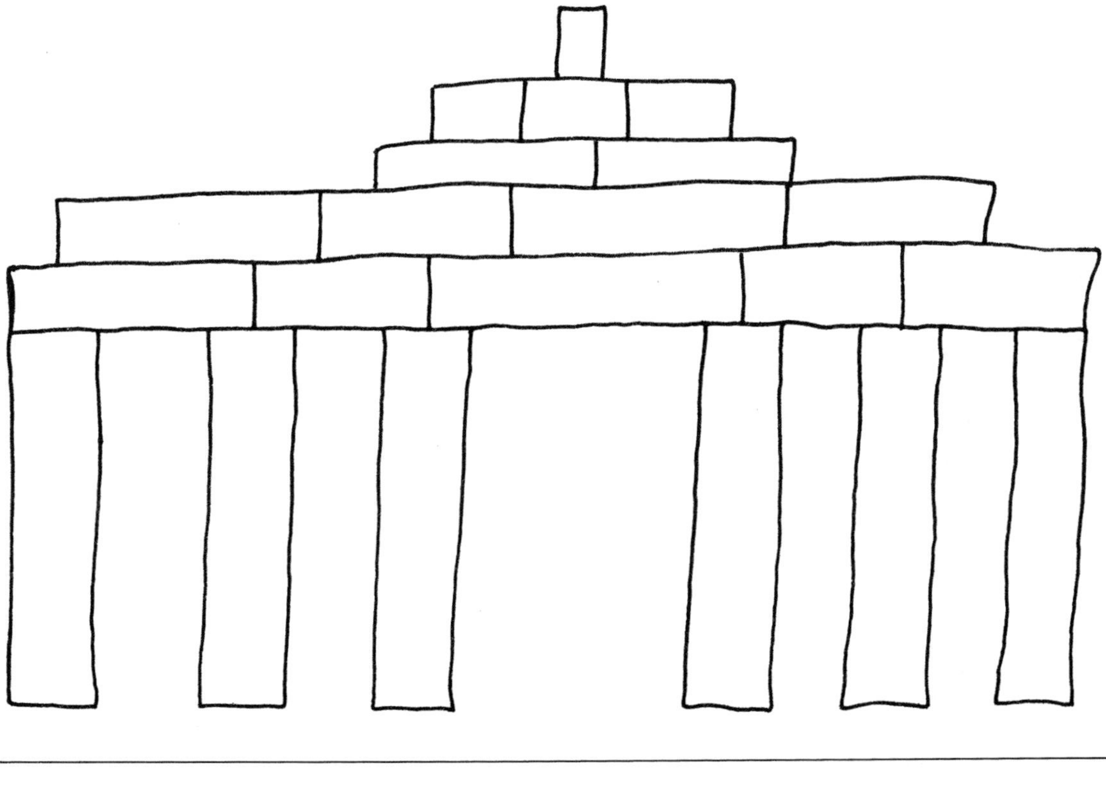

Vorlage: Formenbilder

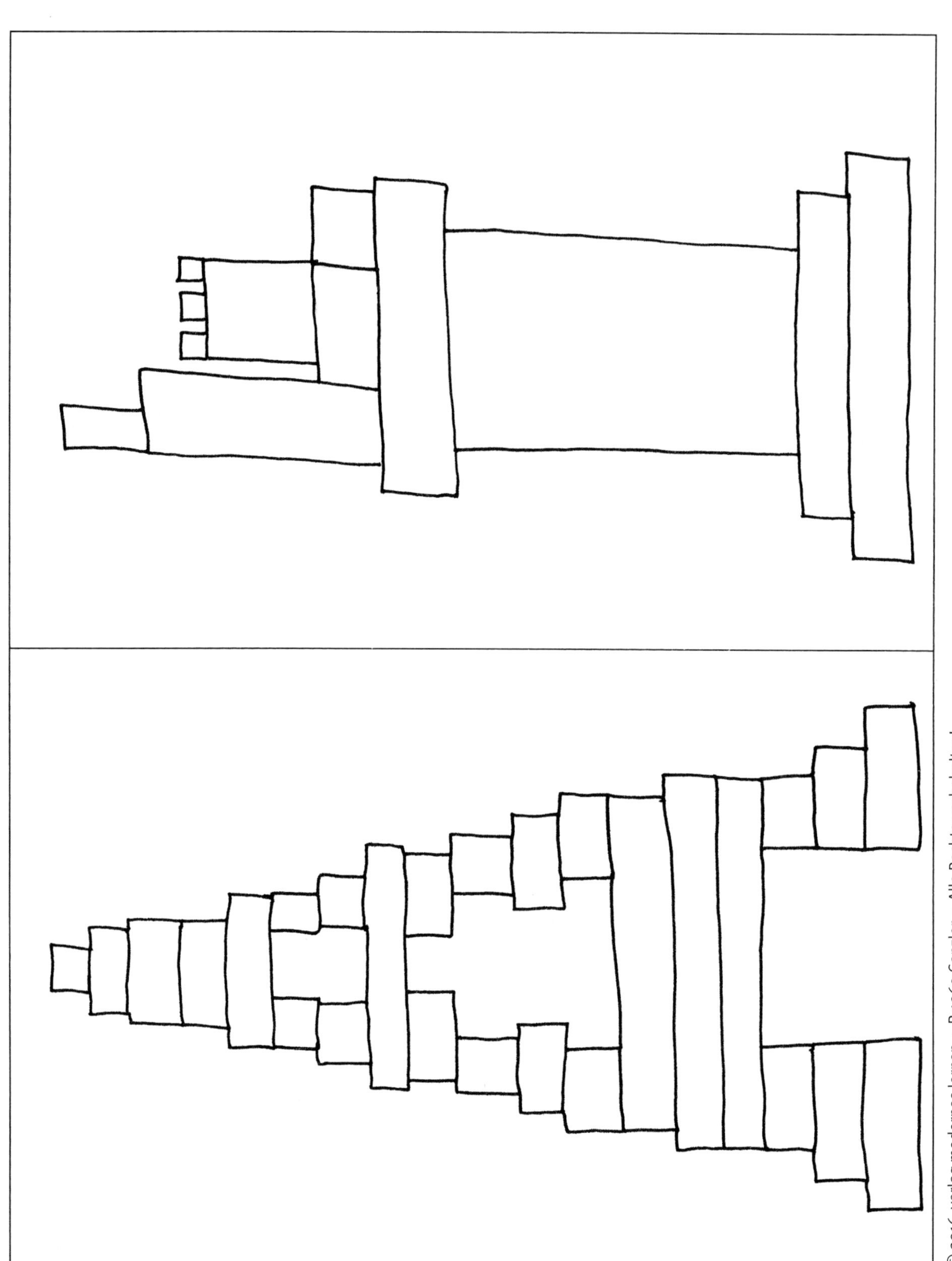

   Vorlage: Formenbilder

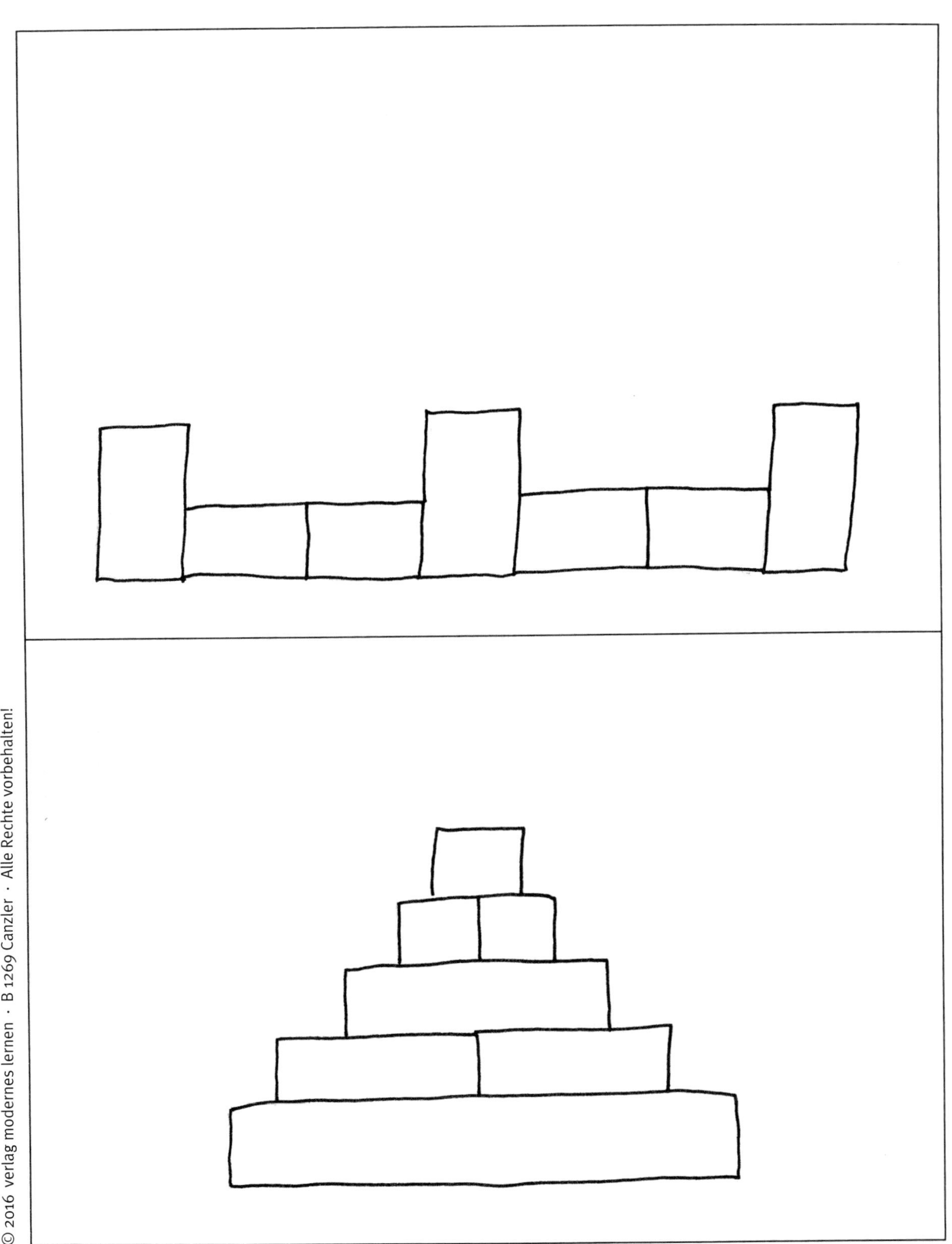

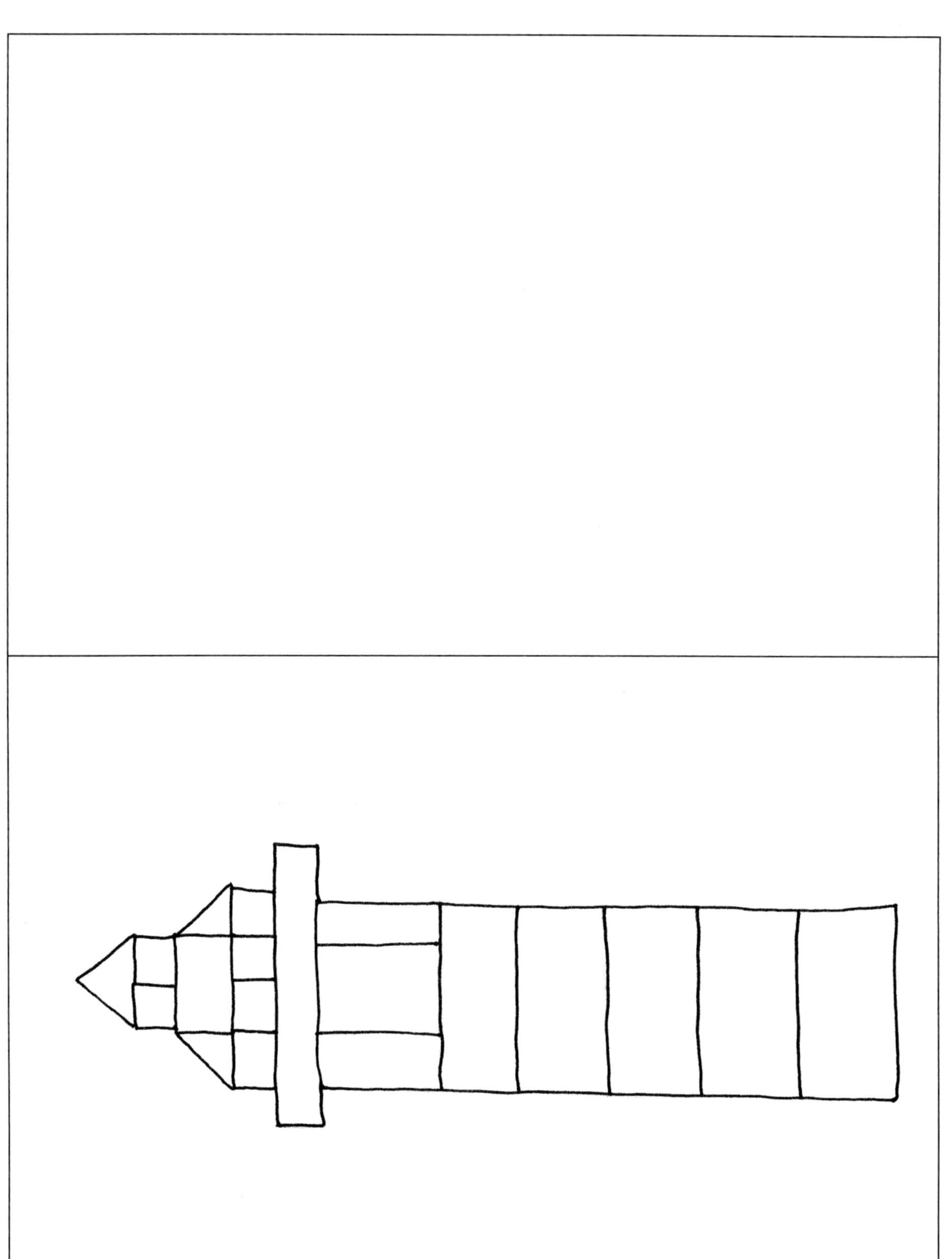

 Vorlage: Formenbilder

Abenteuerliche Sumpfwanderung in Florida

Geschichte

„Marko besucht seinen Onkel Franz in Florida (Amerika). Franz hat Marko schon viel von dem sonnigen Florida geschrieben: Es gibt dort schöne Strände, Delfine im Ozean und Sümpfe mit Krokodilen. Marko freut sich auf die Reise und ist schon ganz gespannt. Sein Onkel hat bereits eine geführte Tour durch die Sümpfe von Florida gebucht. Du darfst ihn begleiten."

Vorbereitung / Material

- Gymnastikmatten / Matratzen / große Kissen oder Isomatten (Sumpf)
- kleine Bälle / Tennisbälle

Die Bälle werden so unter die Matratzen gelegt, dass sie nicht wieder herausrollen können.

Spielablauf

Das Kind nimmt an der Sumpfwanderung teil (balanciert über die Matratzen / Kissen). Der Sumpfführer kennt einen flachen Weg durch den Sumpf. Nur abseits des Weges wird es gefährlich tief und es lauern Krokodile. Ab und zu könnte ein Krokodil die Matten anstoßen, um den Schwierigkeitsgrad zu erhöhen. Das Kind darf verschiedene Fortbewegungsmöglichkeiten ausprobieren (Krabbeln, Kriechen, Rutschen).

Spielabschluss

Wenn das Kind den Weg geschafft hat, darf es auf einem Delfin reiten (Kind liegt auf dem Bauch auf einer Matte und wird durch den Raum gezogen.).

Variante Gruppe

1. Möglichkeit: Die Kinder durchqueren nacheinander den Sumpf und helfen sich gegenseitig bei Unsicherheiten.
2. Einige Kinder sind Krokodile. Diese liegen auf dem Bauch und pirschen sich so an die Matten heran. Die Matten werden von ihnen leicht gerüttelt. Die anderen Kinder gehen durch den Sumpf. Die Rollen können getauscht werden.

Variante Kinderzimmer

Im Kinderzimmer kann auch das Bett/Sofa mit einbezogen werden. Nicht überall müssen Bälle untergelegt werden. Oft ist es schon schwer genug, auf einer Kissenstrecke die Balance zu halten und nicht danebenzutreten.

Variante Spielplatz/Garten/Wald

Es gibt jede Menge Balanciermöglichkeiten: über Baumstämme, Balancierbalken oder entlang einer Schnur im Sand. Auf der Rasenfläche im Garten könnten zum Beispiel die Kissen oder Matratzen in Plastikhüllen oder -tüten gepackt werden.
Ein Plastiksandkasten kann als Sumpf umfunktioniert werden. Hier eignen sich kleine Plastikreifen (von einem Steckturm) als „Sumpfinseln".

Beobachtungs- und Fördermöglichkeiten

- perzeptiver Bereich: propriozeptive Wahrnehmung, vestibuläre Wahrnehmung, taktile Wahrnehmung
- sensomotorischer Bereich: Grobmotorik, Koordination

Der sportliche Rummel

Geschichte

„Es ist wieder Rummelzeit und viele Kinder wollen die Stände und Attraktionen besuchen. Der Bürgermeister der Stadt möchte aber, dass auch Kinder mit weniger Taschengeld Spaß auf der Kirmes haben. Er hat veranlasst, dass es viele kostenlose Sportstände gibt, wo die Kinder teure Attraktionen gewinnen können."

Spielvorbereitung / Material

- Beispiele für Sportstände

Sportstand	Mögliche Punkte
Slalomsackhüpfen (in einem Sack/Bettbezug) und auf dem Weg ins Ziel Bälle einsammeln	Je Ball ein Punkt
Mit verschiedenen Gegenständen (kleine Deckel, Bälle), Dosen werfen (3 Versuche)	Je umgeworfener Dose ein Punkt
Kegeln (3 Versuche)	Je umgestoßenem Kegel ein Punkt
Auf einem Seil (auf dem Boden, gerade oder als Kreis/Schlange gelegt) Balancieren vorwärts, rückwärts), ohne danebenzutreten (3 Versuche)	Je erfolgreichem Versuch 3 Punkte
Mit geschlossenen Augen über mehrere Matten rollen ohne auf den Boden zu kommen oder das Ziel zu verfehlen (2 Versuche)	Je erfolgreichem Versuch 5 Punkte

- Beispiele für den Einsatz der Punkte auf dem Rummel

Rummelattraktion	Notwendige Punkte
„Riesenkarussell" (z. B. Schaukel besonders schwingen lassen)	15 Punkte
„Autoscooter" (z. B. Rollbrett oder ähnliches Gefährt)	10 Punkte
„Hüpfburg mit fliegenden Bällen" (z. B. Trampolin und kleine Bälle hineinwerfen)	12 Punkte
„Hängemattendrehwurm" (Kind sitzt in der Hängematte und wird eingedreht und wieder ausgedreht)	8 Punkte

- Tafel oder Blatt Papier (+ Kreide / Stifte), um Punkte zu notieren (bei kleineren Kindern als Strichliste, bei größeren Kindern als Zahl und später werden diese addiert)
- (Schaumstoff-)Würfel

Spielablauf

Das Kind baut mit dem Spielleiter die verschiedenen Sportstände auf.
- Das Kind darf jeden Sportstand einmal absolvieren, die Punkte sammeln, aufschreiben, zusammenzählen / -rechnen.

oder

- Jeder Sportstand erhält eine Zahl von 1 – 5. Das Kind würfelt nun eine Zahl und sagt den Sportstand an, der der Zahl entspricht. Bei einer gewürfelten „6" darf das Kind sich einen Sportstand aussuchen.

Spielabschluss

Die gesammelten Punkte können entweder zwischendurch oder zum Ende in die Attraktionen eingetauscht werden.

Variante: Gruppe

1. Teamvariante: Die Kinder sammeln alle einzeln Punkte, die dann addiert und durch die Anzahl der Kinder geteilt werden.
2. Zusatzpunkte: Die Kinder treten in Teams gegeneinander an. Das beste Team erhält je Sportstand Zusatzpunkte.

Variante: Kinderzimmer

- Die Kirmesattraktionen können beliebig an die Möglichkeiten angepasst werden.
- Das Kind könnte auch langfristig Punkte sammeln (ca. 1 Woche), um einen Trainingseffekt zu erreichen und mehr Punkte in eine größere Attraktion (z. B. einen besonderen Ausflug mit den Eltern) einzutauschen.

 Zauber- und Sportspiele

Variante: Spielplatz / Garten / Wald

Je nach Spielplatzgeräten und Übungsbedarf des Kindes, werden die Sportstände ausgewählt. Es gibt häufig auf Spielplätzen Geräte, die eine Attraktion darstellen. Entweder erfordern sie die Hilfe der Eltern oder sie sind einfach beliebt.

Beispiele für Sportstände:
- einen Ball aus verschiedenen Entfernungen fangen (2 m: 1 Punkt; 3 m: 2 Punkte)
- Balancieren (z. B. auf einem Streifen im Sand)→ ein Punkt je Strecke
- im Schlusssprung oder auf einem Bein eine Strecke hüpfen ohne hinzufallen (1 Punkt je erfolgreicher Strecke)

Beispiele für gewonnene Attraktionen:
- Schaukeln (Eltern stoßen an oder drehen ein)
- mehr Zeit für besonders beliebte Geräte
- eine extra Partie Fußball, Tischtennis, Verstecken oder Fangen

Beobachtungs- und Förderschwerpunkte:
- sensomotorischer Bereich: Grobmotorik, Koordination / Bilateralintegration, Kraft- und Bewegungsdosierung
- Perzeptiver Bereich: vestibuläre Wahrnehmung, propriozeptive Wahrnehmung
- kognitiver Bereich: Mengenverständnis, Aufmerksamkeit, Konzentration

Zauber- und Sportspiele

Der verzauberte Berg

Geschichte

„Vor langer Zeit entdeckt ein Ritter einen im Nebel stehenden Berg. Der Weg zum geheimnisvollen Berg ist sehr beschwerlich. Der Ritter ist sehr mutig und stark. Er reitet bis es dunkel wird. Als er sich zum Ausruhen gegen einen Felsen lehnt, bewegt sich dieser zur Seite. Der Ritter findet den Anfang eines langen Tunnels. Auf dem Weg durch den Tunnel muss er viele Hindernisse überwinden. Dann steht er in einer großen Höhle, in der es sehr warm ist. Plötzlich sieht er hinter einem großen, grünen Haufen eine Flamme aufsteigen. (Da erkennt der Ritter, dass er in der Höhle eines Drachens ist.)"

Spielvorbereitung / Material

- Sportgeräte (Matten, Bank, Krabbeltunnel)
- Drache (großes Kissen oder eine Decke rollen)
- Schatz (Kiste, Dose mit z. B. kleinem Spiel, Perlenfädelset)

Spielablauf

Das Kind baut gemeinsam mit dem Spielleiter einen beschwerlichen Weg zu der Höhle des Drachens. Es überwindet die Hindernisse bis zum Drachen. Gemeinsam mit dem Spielleiter überlegt es, was der Drache bewacht (einen Schatz?). Das Kind gelangt nur an den Schatz, wenn der Drache schläft und es sich ganz vorsichtig heranschleicht.

Spielabschluss

Das Kind darf den Schatz (z. B. Truhe) öffnen und mit diesem spielen.

Variante Gruppe

1. Möglichkeit: Mehrere Kinder (Ritter) durchlaufen den Parcours. Die Ritter versuchen, im Team den Schatz zu gewinnen.
2. Möglichkeit: Der Spielleiter spielt den Drachen. Die Kinder müssen verschiedene Aufgaben oder Prüfungen bestehen (z. B. auf einem Bein stehen, hüpfen, Hampelmann, wie ein Frosch hüpfen).
3. Möglichkeit: Ein Kind darf die Rolle des Drachens übernehmen und stellt Aufgaben.

 Zauber- und Sportspiele

Variante: Kinderzimmer

Ein Tunnel kann auch aus einer Reihe von Stühlen gebaut werden, über denen eine Decke hängt.
Im Kinderzimmer können beschwerliche Wege mit z. B. Kissen, Hockern, Stühlen nachgebaut werden. Wie immer steht die Sicherheit an erster Stelle. Es sollten Parcourselemente gewählt werden,
die das Kind alleine bewältigen kann. Der Drache kann die verschiedensten Aufgaben stellen, so
sind auch kognitive Aufgaben möglich.

Variante: Spielplatz/Garten/Wald

Der Parcours auf dem Spielplatz kann umfangreicher gestaltet werden. Auch stehen hier mehr
Spielgeräte für die Aufgaben des Drachens zur Verfügung. Der Weg zur Höhle des Drachens kann
mit kleinen angebundenen Fäden markiert werden. Der Drachen kann dem Kind auch auftragen,
etwas außerhalb des Tunnels zu tun oder zu suchen (z.B. Naturmaterialien wie Eicheln, Kastanien,
heruntergefallene Blätter). Gegen diese Gabe tauscht der Drache dann seinen Schatz ein.

Beobachtungs- und Fördermöglichkeiten

- sensomotorischer Bereich: Grobmotorik, Koordination/Bilateralintegration
- kognitiver Bereich: Handlungsplanung, Aufmerksamkeit
- perzeptiver Bereich: vestibuläre Wahrnehmung, auditive Wahrnehmung

Zaubersprünge über den Ozean

Geschichte

„Bei einem Fest behauptete ein Zauberer vor einem König, dass er den Ozean überqueren könnte. Da lachte der König und versprach ihm sein Königreich als Belohnung, wenn er es schafft. Natürlich glaubte der König nicht an den Erfolg des Zauberers. Doch das Wunder geschah, der Zauberer schaffte es und wurde nun König über ein großes Reich. Bei seinem Trick spielten Inseln eine große Rolle."

Vorbereitung / Material

- alte Zeitungen / Zeitschriften / Kataloge
- zwei Matten oder Reifen als Festland (soweit wie möglich voneinander entfernt hinlegen)
- eventuell Sprossenwand, schräge Ebene oder Tunnel / Höhle

Spielablauf

Das Kind findet gemeinsam mit dem Spielleiter Vorschläge, wie mit Inseln der Ozean überquert werden könnte. Das Material für die Inseln kann das Kind auf einem Berg (Sprossenwand) oder in einer Höhle finden. Das Springen von Insel zu Insel kann variiert werden (Einbeinsprung, Schlusssprung, Drehsprung, Rückwärtssprung), denn schließlich hat ein Zauberer noch mehr Kunststücke auf Lager, als so ein paar Inseln zu zaubern.

Spielabschluss:

Das Kind wird zum König ernannt und darf sich eine Krone (z. B. aus Papier) herstellen.

Variante: Gruppe

Es behaupten mehrere Zauberer, dass sie den Ozean überqueren können. Der schnellste oder jener mit den schönsten Sprüngen wird König.

Zauber- und Sportspiele

Variante Kinderzimmer

Für dieses Spiel sollte im Kinderzimmer Platz geschaffen und Stolperquellen beseitigt werden. An zwei möglichst weit auseinanderliegenden Orten werden Königreich und ein Festland aufgebaut. Dazwischen befindet sich der Ozean. Die Zeitungsinseln können auch so angeordnet werden, dass ein Hüpfspiel entsteht.

Variante: Spielplatz / Garten / Wald

Auf Spielplätzen gibt es verschiedenste Möglichkeiten, Inseln zu zaubern (z. B. gibt es oft Hüpfbretter). Kinder können im Sand Inseln entstehen lassen oder mit Naturmaterialien bauen. Wenn es das Wetter ermöglicht, sind Spiele im Freien (auch im häuslichen Garten) natürlich am schönsten.

Beobachtungs- und Förderschwerpunkte

- sensomotorischer Bereich: Grobmotorik, Koordination
- perzeptiver Bereich: vestibuläre Wahrnehmung, propriozeptive Wahrnehmung, taktile Wahrnehmung
- kognitiver Bereich: Handlungsplanung

Zirkus Topedo

Geschichte

„Der Zirkus ‚Topedo' möchte gemeinsam mit den Kindern des Kindergartens eine große Vorführung planen. Dafür kommt der Clown ‚Lustigo' extra in den Kindergarten und übt mit den Kindern Kunststücke ein. Es gibt verschiedene Geräte zur Auswahl: Die Kinder üben sehr viel und es macht ja so einen Spaß, denn ‚Lustigo' macht oft Scherze. Schon bald zeigen alle Kinder ihre Kunststücke bei einer richtigen Zirkusvorstellung."

Spielvorbereitung / Material

- je nach Kunststück und Vorhandensein: z. B. Bälle, Reifen, Bank, Matten, Seil
- Kunststückkarten mit Lustigo
- eventuell: CD-Player und CD mit Kindermusik
- Clownnase, Tiermasken (zum Beispiel ein großes Bild von einem Tier mit Tieraugen ausschneiden, den Nasenbereich aussparen, zwei Löcher an den Seiten und ein Faden / Gummiband zum Befestigen)

Spielablauf

Das Kind sucht sich gemeinsam mit dem Spielleiter (kann Rolle von Lustigo übernehmen) ein Kunststück aus. Entweder hat es eine eigene Idee oder die Kunststückkarten kommen zum Einsatz. Das Kind kann auch mehrere Kunststücke ausprobieren und mehrere vorführen. Zur Auflockerung kann Musik eingesetzt werden.

Spielabschluss

Zum Abschluss gibt es eine große Zirkusvorführung. Die Kinder dürfen mit den Masken und zur Musik ihre Kunststücke vorführen. Die Eltern können das Publikum sein.

Variante: Gruppe

Das „Zirkusspiel" ist als Gruppenvariante noch lustiger. Jeweils ein Kind zeigt ein eingeübtes Kunststück vor. Es können auch Kunststücke getauscht oder von mehreren Kindern gemeinsam vorgeführt werden.

Zauber- und Sportspiele

Variante: Kinderzimmer

Die Kunststücke sollten auf die Stärken und Interessen der Kinder abgestimmt sein. Es können Elemente zum Kunststück hinzugefügt werden, die Übungsbedarf haben. Der Spaß steht hier besonders im Vordergrund.
Bei einer Familienfeier können einige Kunststücke vorgeführt werden.

Variante: Spielplatz/Garten/Wald

Auf dem Spielplatz oder im Freien lassen sich gut Kunststücke einüben. Es können Geräte hinzugenommen werden. Das Kind darf entscheiden, ob es sich verkleiden möchte. Kleinere Kinder zeigen schon ein Kunststück, wenn sie sich überwinden, etwas Neues/Schwierigeres auf dem Spielplatz auszuprobieren (z. B. auf eine Rutsche/ein Gerüst hochsteigen, auf der Wippe alleine sitzen und wippen).

Beobachtungs- und Förderschwerpunkte

- perzeptiver Bereich: vestibuläre Wahrnehmung, propriozeptive Wahrnehmung
- sensomotorischer Bereich: Grobmotorik, Koordination, Bewegungsplanung
- kognitiver Bereich: Konzentration, Aufmerksamkeit, Handlungsplanung

Zauber- und Sportspiele

 Vorlage: Kunststücke vom Clown

Das Inselpferd

Geschichte

„Bei der Suche nach Futter ist ein Pferd auf eine Halbinsel gelaufen. Dann kam eine starke Flut-
welle und überschwemmte den schmalen Weg zum Festland. Das Pferd kann nun nicht mehr zurück. Überall wo es hinschaut, ist ringsherum Wasser. Das Gras wird langsam knapp und das Pferd
hat großen Hunger."

Spielvorbereitung / Material

- zwei große Matten und eine Schaukel darüber aufbauen
- unterschiedliche Säckchen (Farbe, Form, Inhalt) an ein Klettergerüst in verschiedenen Höhen
  hängen

Beispiele:

Material und Geräte	Übungen:
Bank (Damm oder Brücke)	balancieren
Rollbrett und Stäbe (Floß mit Paddel oder Schiff/Boot)	auf dem Rollbrett sitzen und sich mit den Stäben abstoßen oder auf dem Rollbrett in verschiedenen Positionen fahren
Reifen (Steine/kleine Inseln im Wasser)	in den Reifen springen, geradeaus oder Drehsprung; Einbeinsprung
Sandsäckchen, Papierfrüchte oder Naturmaterial	unterschiedliche Transportarten für das Futter nutzen, → z. B. auf den Armen oder auf dem Kopf
Kletter-/Sprossenwand (Bäume)	klettern
Pferdeschaukel oder Hängematte (Pferd)	auf verschiedene Weise schaukeln (kreisen, im Viereck, mit geschlossenen Augen)

Spielablauf

Das Kind wird durch Fragen und kleine Hilfestellungen angeregt, eine Verbindung vom Festland
zur Insel zu bauen. Das Kind darf das Futter holen und dem Pferd bringen, welches dieses genüss-
lich verzehrt. Als Belohnung darf das Kind auf dem Pferd reiten.

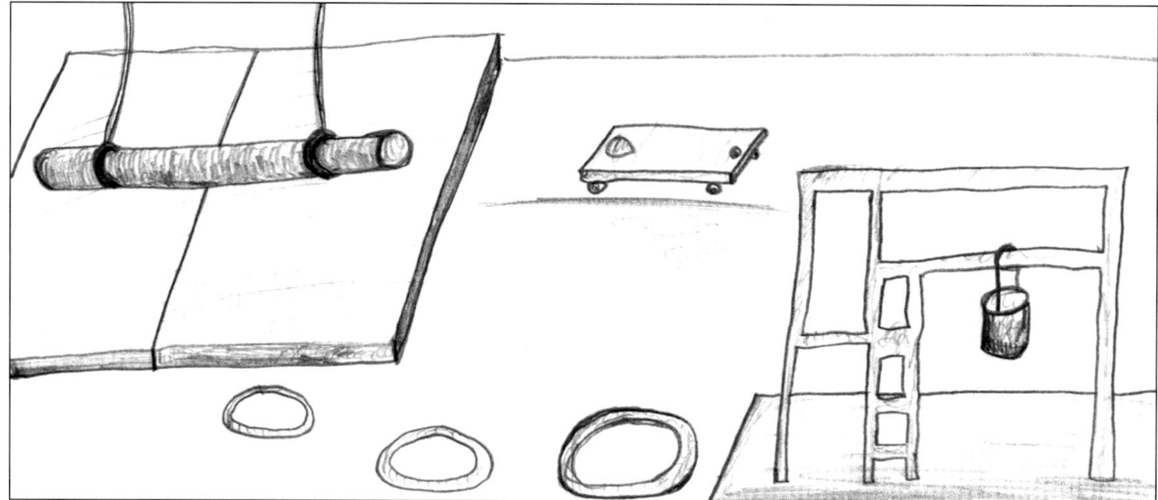

- Möglicher Spielaufbau in einem Turnraum
- Wege/Transportmittel werden von dem Kind ausgedacht und aufgebaut

Spielabschluss

Das Kind darf zum Schluss für längere Zeit auf dem Pferd reiten und probiert verschiedene Kunststücke und Reiterpositionen aus.

Variante: Gruppe

1. Möglichkeit: Die Kinder holen abwechselnd das Futter für das Pferd und überwinden dabei den Parcours.
2. Möglichkeit: Jedes Kind hat eine eigene Idee für die Überquerung zur Insel.
   Die Kinder bauen ihre Wege auf, nutzen diese und füttern nacheinander das Pferd.

Variante: Kinderzimmer

Im Kinderzimmer dienen z. B. große Kissen, ein Schaukel- oder Hüpftier oder gar ein Elternteil als Pferd. Kleine Säckchen oder Kissen (Futter) können an einem Seil (gespannt oder liegend) befestigt werden.

Variante: Spielplatz/Garten/Wald

Klettergerüste, Schaukeln, Wippen und Balancierwege können in die Geschichte einbezogen werden. Anstelle der kleinen Futtersäckchen können auch kleine Eimer mit Naturmaterialien an die Gerüste (Bäume) gehängt werden.

Variante zur Förderung der Merkfähigkeit

Das Pferd äußert Wünsche, welches Futter es als nächstes fressen möchte. Wichtig ist es, die Anzahl der Futtersorten langsam zu steigern. Durch dieses Spiel kann zusätzlich die Merkfähigkeit und Aufmerksamkeit des Kindes geübt werden.

Beobachtungs- und Förderschwerpunkte

- sensomotorischer Bereich: Grobmotorik, Koordination, Kraft- und Bewegungsdosierung
- Feinmotorik
- kognitiver Bereich: Handlungsplanung, Merkfähigkeit, Aufmerksamkeit
- perzeptiver Bereich: vestibuläre Wahrnehmung, propriozeptive Wahrnehmung, taktile Wahrnehmung

Die Inseltiere

Geschichte

„Die großen Ozeane haben viele Inseln. Auf diesen Inseln leben die verschiedensten Tiere. Leider können die Tiere nicht schwimmen oder fliegen. Außerdem ist der Ozean auch sehr kalt und gefährlich. Alle Tiere haben aber sehr gute Augen und so können sich die Tiere sehen. Mit ihrem ganzen Körper geben sie durch Bewegungen Signale. So können sie plaudern bis die Sonne untergeht. Ein Forscher untersucht die Signale der Tiere und besucht die Tiere auf den Inseln."

Spielvorbereitung / Material

- Tierkarten (Vorlage) ausschneiden
- große Matten vereinzelt im Raum verteilen
- auf jede Matte Tierkarten von einem Tier legen
- Geräte (z. B. Seile, Rollautos, kleine Balken)

Spielablauf

Der Spielleiter und das Kind bauen gemeinsam eine Insellandschaft auf. Der Spielleiter verteilt die Tierkarten auf den Inseln.
Das Kind darf ein Forscher sein und die „Inseltiere" erkunden. Es sucht sich Transportmittel oder -möglichkeiten aus, um die Inseln zu erreichen. Auf den Inseln findet es die Tierkarten und versucht die Bewegungen nachzuahmen. Der Spielleiter oder ein weiteres Kind kann auf einer anderen Insel ein Antwortsignal senden.

Spielabschluss

Das Kind darf sich neue Inseltiere ausdenken. Gemeinsam können weitere Übungskarten entworfen werden.

Variante: Gruppe

1. Möglichkeit: Jedes Kind ist ein Tier auf einer Insel. Die Tiere / Kinder geben sich Zeichen (mithilfe der Karten) über den Ozean. Signale können auch nachgeahmt werden.
2. Möglichkeit: Die Kinder überlegen sich Lösungen, wie die Inseln verbunden werden könnten. Dann können auch Tierkarten getauscht werden.
3. Möglichkeit: Die Kinder können sich alle Tiere (Karten) der Inseln anschauen. Dann nimmt jedes Kind Platz auf einer Insel und sendet Signale. Die Kinder raten, welches Tier Kontakt aufnehmen will.

 Inselspiele

Variante: Kinderzimmer

Je nach Interesse und Förderbedarf des Kindes, können auch andere Tiere aufgemalt werden und mitspielen.

Variante: Spielplatz / Garten / Wald

Verschiedenste Geräte dienen den Kindern als Inseln. Diese müssen natürlich so nah beieinander sein, dass sich die Kinder noch sehen können.
Die Kinder sollten auf den Spielplatzgeräten sicher stehen können, so dass Verletzungen (Herunterfallen) bei den Übungen vermieden werden.
Im Wald können die Kinder auf kleinen Hügeln oder Baumstümpfen stehen.

Beobachtungs- und Förderschwerpunkte

- sensomotorischer Bereich: Koordination / Bilateralintegration, Grobmotorik
- perzeptiver Bereich: visuelle Wahrnehmung, vestibuläre Wahrnehmung, propriozeptive Wahrnehmung
- kognitiver Bereich: Aufmerksamkeit, Konzentration

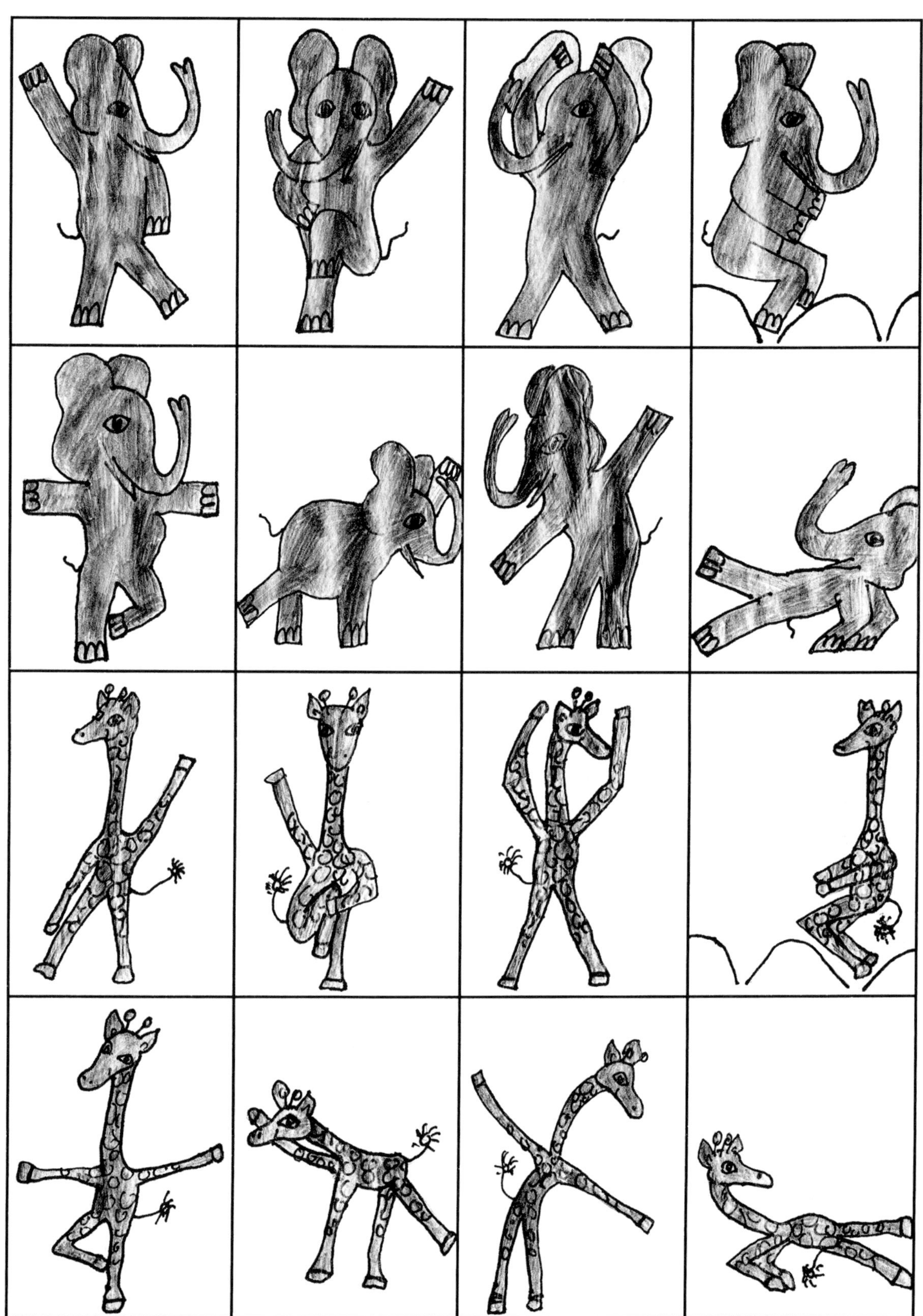

  Vorlage: Tierzeichen

Vorlage: Tierzeichen

Die Schatzinsel

Geschichte

„Vor vielen Jahren hat ein König einen großen Schatz von seinen Dienern auf eine geheime Insel bringen lassen. Die drei Diener durften nie ein Wort über den Schatz sowie das Versteck sagen, denn sonst hätten sie eine harte Strafe erhalten. Einer der Diener war sehr schlau und schenkte seinem Sohn zum 14. Geburtstag ein Bild. Auf diesem Bild waren verschlüsselte Zeichen, Rätsel und Figuren gezeichnet. Nachdem der König gestorben war versuchte der Sohn, die Rätsel zu lösen und verfolgte bald den Weg zum Schatz des Königs."

Spielvorbereitung / Material

- Schatzkarte (Vorlage)

Beispiele:

Material / Geräte und mögliche Bedeutung	Übung
Bank (Damm oder Brücke)	balancieren
Rollbrett und Stäbe (Floß mit Paddel oder Schiff / Boot)	auf dem Rollbrett sitzen und sich mit den Stäben abstoßen oder auf dem Rollbrett in verschiedenen Positionen fahren
Reifen (Steine / kleine Inseln im Wasser)	in Reifen springen, geradeaus oder sich beim Springen um die eigene Achse drehen
Kletter- / Sprossenwand (Bäume)	klettern
Tisch mit Decke abgedeckt (Höhle), Tunnel	kriechen, krabbeln
Kleine Kiste / Schachtel mit glitzernden Teilen oder je nach Vorliebe des Kindes (Schatz)	das Öffnen erfordert Geschicklichkeit

Spielablauf

Zuerst wird die Schatzkarte betrachtet. Es wird geknobelt, was die Bilder / Zeichen für eine Bedeutung haben könnten.
Nach und nach baut das Kind den Weg zum Schatz auf und überwindet Hindernisse.
Wenn nötig, gibt der Spielleiter Hilfestellung oder Anregungen.

Inselspiele

Spielabschluss

Der Schatz wird bestaunt.
Die Schatzkarte kann ausgemalt werden.
Das Kind darf eine eigene Schatzkarte entwerfen.

Variante: Gruppe

1. Möglichkeit: Die Kinder suchen gemeinsam den Schatz.
2. Möglichkeit: Jedes Kind erhält eine Schatzkarte. Wer findet den Schatz zuerst?
3. Möglichkeit: Die Kinder malen jeder eine Schatzkarte und verstecken einen Schatz im Raum.
   Dann tauschen sie die Schatzkarten untereinander aus und suchen die Schätze.

Variante: Kinderzimmer

In einem Haus mit verschiedenen Etagen können die Schatzkarten noch umfangreicher ausfallen.
Beispiele wären: Treppen hochgehen, um einen Berg zu besteigen, die Treppen hinab in den Keller
gehen, um in eine Höhle herabzusteigen.

Variante: Spielplatz / Garten / Wald

Das Kind versucht anhand der Karte, den Weg zum Schatz zu finden. Dabei werden verschiedene
Spielplatzgeräte gedanklich umfunktioniert. Größere Spielplatzbereiche mit mehreren verbunde-
nen Klettergerüsten stellen die Insel dar. Auf der Insel wird zum Beispiel geklettert, gerutscht,
gekrochen, gehangelt und balanciert. Der Schatz kann zum Beispiel in einem Eimer an das Klettergerüst gehängt werden.

Beobachtungs- und Förderschwerpunkte

- perzeptiver Bereich: vestibuläre Wahrnehmung, propriozeptive Wahrnehmung
- sensomotorischer Bereich: Koordination / Bilateralintegration, Grobmotorik
- Feinmotorik
- kognitiver Bereich: Handlungsplanung, Aufmerksamkeit, Konzentration

 Vorlage: Schatzkarte

Steinzeitspiele

Geschichte

„Vor vielen tausend Jahren haben unsere Vorfahren in Höhlen gelebt. Diese Zeit wird Steinzeit genannt. Warum heißt denn diese Periode gerade Steinzeit? Die Menschen haben damals Steine als Werkzeug entdeckt. Die erste Nutzung von Feuer stammt auch aus dieser Zeit. Die Menschen werden als Jäger und Sammler bezeichnet. Sie sammelten Beeren und jagten wilde Tiere. In ihren Höhlen bemalten sie die Wände, weil sie noch kein Papier und keine Stifte hatten. Diese Höhlenmalereien zeigen die Träume und Erlebnisse der Steinzeitmenschen.“

1. Spielidee: Wandzeichnungen erforschen

„Lass uns die Höhlenzeichnungen erforschen und herausfinden, was sie zu bedeuten haben. Ich habe ein Buch mit einzelnen Symbolen aus der Steinzeit. Das Buch kann uns aber nur ein wenig helfen.
Zuerst wollen wir die Höhle finden. Sie ist versteckt und der Weg dorthin ist beschwerlich.“

Spielvorbereitung/Material

- Vorlagen mit Höhlenzeichnungen und Bedeutungen, eventuell Tafel
- Balanciermöglichkeiten (z.B.: Bank, Seil, Linie)
- Floß (z.B.: Rollbrett, Kissen, Matte)
- Hindernisse (z.B.: Sandsäckchen, Stäbe)
- Tunnel, Höhle (Krabbeltunnel, Stuhlreihe und Tisch + Decken)
- beliebiges Buch; Stifte, Papier, Unterlage

Spielablauf

Das Kind baut den Weg zur Höhle. Es kann alle zur Verfügung stehenden Materialien und Geräte nutzen. Der Spielleiter gibt Anregungen und Hilfestellung.
Das Kind überwindet den Parcours zur Höhle, zeichnet eine Wandzeichnung ab und kommt denselben oder auch einen anderen Weg zurück. Damit die Wandzeichnungen zu erkennen sind, kann Licht in die Höhle gelassen werden (Decke etwas hochhängen).
Das Kind zeigt dem Spielleiter die Symbole und dieser erklärt nur die Bedeutung der Symbole. Den Zusammenhang soll das Kind selbst herausfinden bzw. es soll einen Satz bilden. Zum Beispiel Regen und tiefes Gras/hohes Gras könnte bedeuten: Der Regen fällt auf das Gras und es wächst.

Spielabschluss

Das Kind erhält ein „Höhlenforscher-Zertifikat“.

Variante Gruppe

1. Möglichkeit: Die „Steinzeitkinder" durchlaufen nacheinander den Parcours und zeichnen die Malereien ab. Die Deutung kann durch die Kinder gemeinsam erfolgen.
2. Möglichkeit: Die Kinder malen immer ein anderes Bild ab und helfen sich gegenseitig beim Erraten der Bedeutung. Die einzelnen Bedeutungen können auch zu einer Geschichte zusammenfantasiert werden.

Variante: Kinderzimmer

Im Kinderzimmer kann ein Parcours nach den vorhandenen Möglichkeiten aufgebaut werden. Die Wandzeichnungen können auf einer Tafel oder an einem Schrank angebracht werden. Je nach Übungsbedarf und Fähigkeiten des Kindes, werden die Symbole vereinfacht oder komplexer ausgewählt.

Variante: Spielplatz / Garten / Wald

Wenn ein Sandkasten vorhanden ist, können die Symbole mit einem kleinen Ast in den Sand gemalt werden. Um den Sandkasten herum befindet sich dann die Höhle. Nach einem kleinen Parcours kann das Kind die Symbole sehen sowie ertasten (mit dem Finger entlangfahren). Entweder es merkt sich die Symbole und zeichnet diese ebenfalls außerhalb der Höhle in den Sand, oder es zeichnet mit Stift und Papier eine Merkhilfe.

Beobachtungs- und Förderschwerpunkte

- perzeptiver Bereich: visuelle Wahrnehmung, taktile Wahrnehmung
- Feinmotorik / Grafomotorik
- sensomotorischer Bereich: Grobmotorik, Koordination
- kognitiver Bereich: Merkfähigkeit, Konzentration, Aufmerksamkeit

2. Spielidee: Tierspuren verfolgen und Tiere jagen oder suchen

„In der Steinzeit gab es noch keine Supermärkte, wo du alles einkaufen kannst. Die Steinzeitmenschen mussten wilde Tiere jagen. Sie konnten Tierspuren erkennen und diese verfolgen. Wie stellst Du Dir die Umgebung in der Steinzeit vor? Baue diese zunächst einmal nach!"

Spielvorbereitung / Material

- Tierspuren (Vorlage)
- Parcours (Klettermöglichkeiten, Hindernisse)
- Bälle, Reifen

 Steinzeitspiele

Spielablauf

Nachdem das Kind einen Parcours aufgebaut hat, soll es kurz die Augen zuhalten. Der Spielleiter verteilt die Fußspuren von den Tieren. Anhand einer Übersichtstafel überlegen der Spielleiter und das Kind gemeinsam, welche Fußspur zu welchem Tier gehört. Das Kind durchläuft den Parcours und sammelt gleiche Fußspuren ein. Wenn alle Füße von einem Tier gefunden wurden, kann das Kind beim letzten gefundenen Fuß das Tier jagen. Es kann zum Beispiel Bälle in einen Reifen (=das entsprechende Tier) werfen.

Spielabschluss

Alle Tiere wurden erfolgreich gejagt. Es wird ein großes Fest gefeiert und viele Freunde werden zum Essen eingeladen.
Zum Schluss könnte auch ein Bild gemalt werden, worauf die Erlebnisse der Jagd und die Tiere dargestellt sind.

Variante Gruppe

1. Möglichkeit: Die Kinder jagen abwechselnd die Tiere. Jedes Kind darf erraten, welches Tier es gejagt hat.
2. Möglichkeit: Die Kinder jagen gemeinsam die Tiere und versuchen, so schnell wie möglich alle Tiere zu finden.
3. Möglichkeit: Die Kinder jagen im Wettstreit. Es geht darum, welches Kind die meisten Tiere gejagt hat.

Variante: Kinderzimmer

Im Kinderzimmer können die Fußspuren beliebig verteilt werden. Wenn nicht gejagt werden soll, kann auch ein Suchspiel gemacht werden. Die versteckten Fußspuren sollen sich gemerkt werden. Memory ist als Abschluss ebenfalls möglich.

Variante: Spielplatz / Garten / Wald

Die Fußspuren können auch in den Waldboden oder den Sand gezeichnet werden. Vielleicht sind die Tiere auch Berge (am Klettergerüst befestigen) hochgestiegen.

Beobachtungs- und Förderschwerpunkte

- perzeptiver Bereich: visuelle Wahrnehmung, vestibuläre Wahrnehmung
- sensomotorischer Bereich: Grobmotorik, Koordination
- kognitiver Bereich: Merkfähigkeit, Konzentration, Aufmerksamkeit

 Vorlage: Zeichen

Vorlage: Zeichen

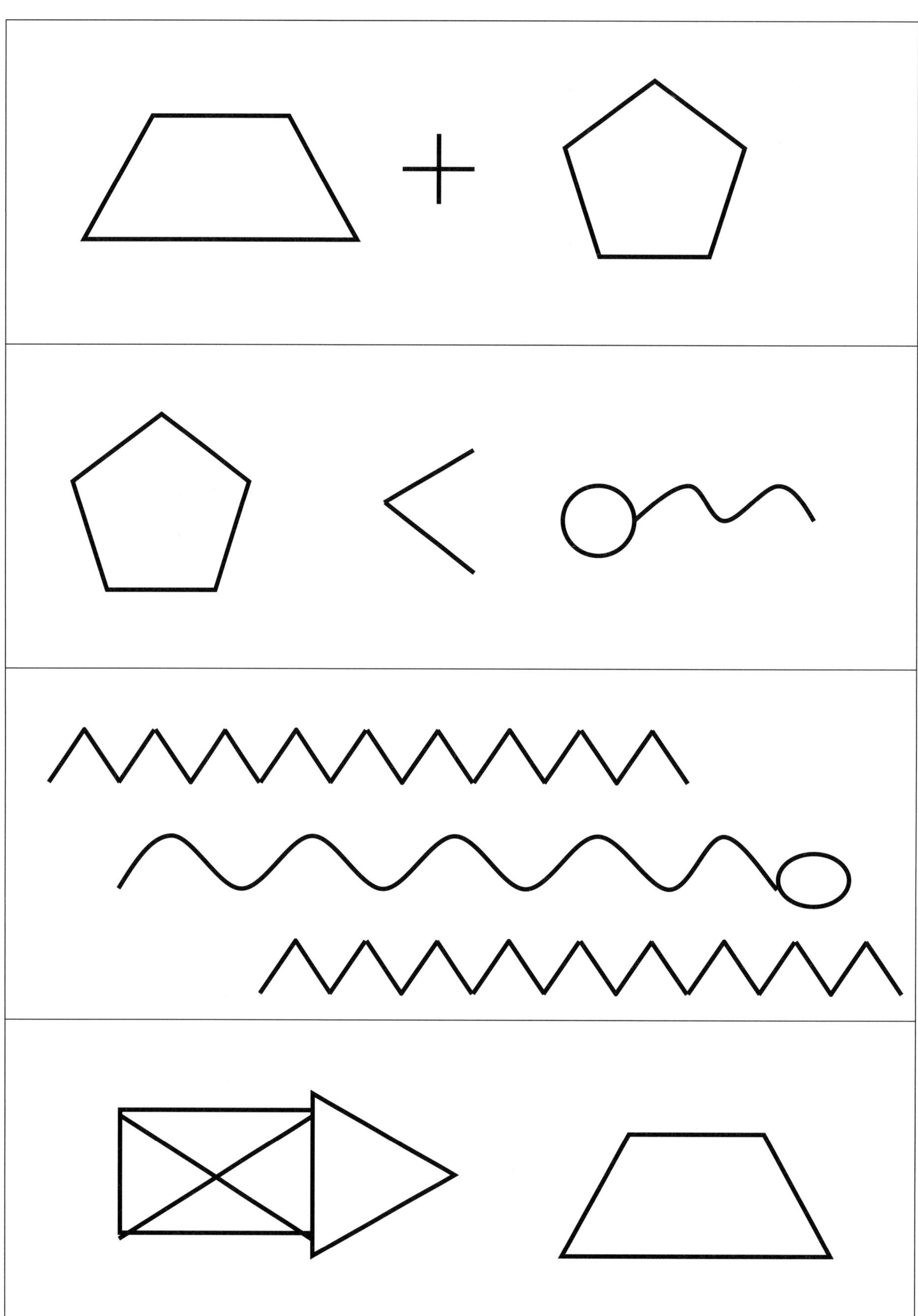

Vorlage: Zeichen

Vorlage: Zeichen

Zeichen aus der Steinzeit und ihre möglichen Bedeutungen

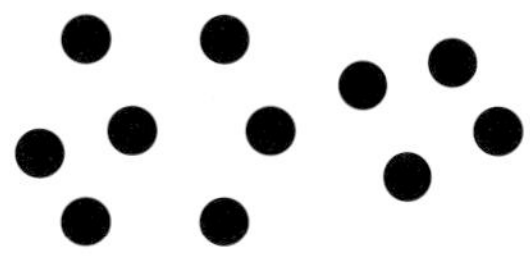 Regen oder Steine	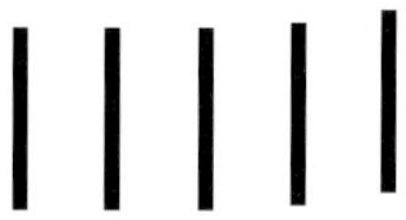 Gras oder Wiese	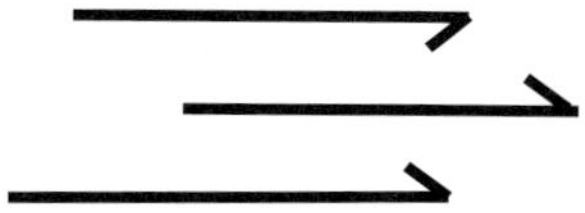 Pfeile, kämpfen, jagen
 Ast, Äste	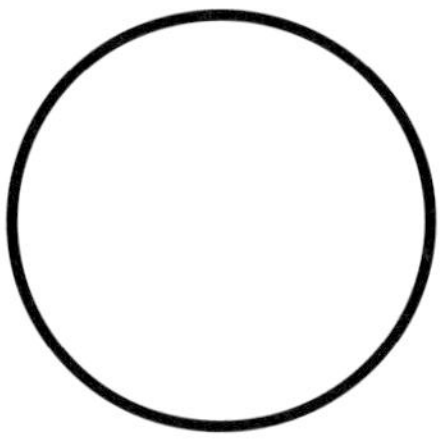 Sonne, Kugel o. Schneelawine	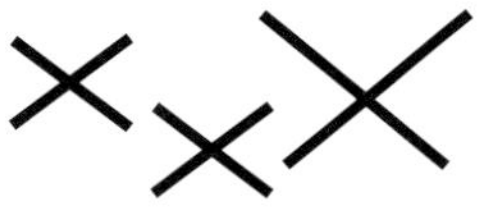 Werkzeug
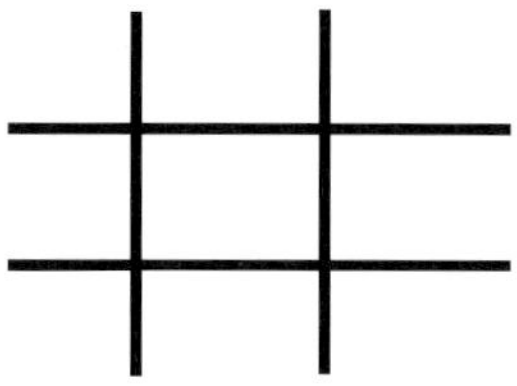 Netz	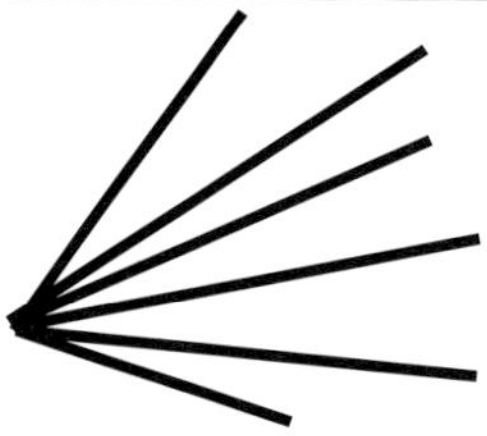 Familie, Freunde oder Gruppe	 Feuer
 Berg oder Höhle	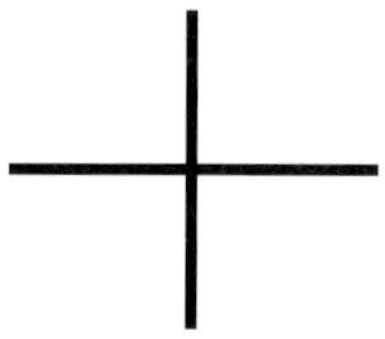 Kind oder Hilfe	 Höhle
Eis oder Gletscher	 Spinne	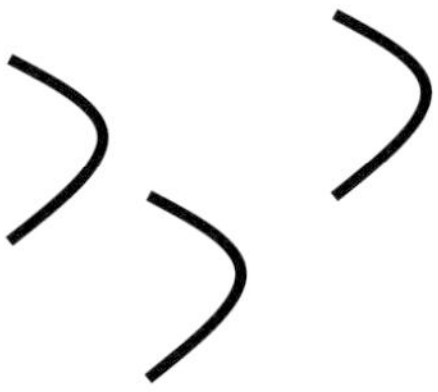 Bogen oder Blätter
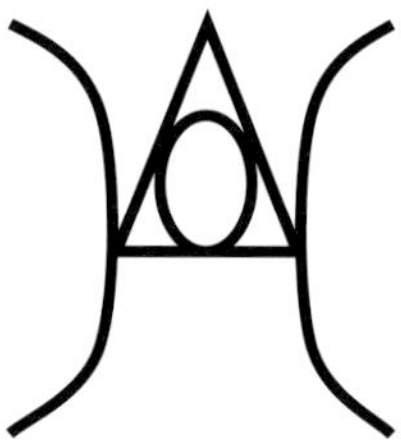 Baumhaus	 Maus oder Schlange	 Erdspalte oder Hügelkette

   Vorlage: mögliche Bedeutungen

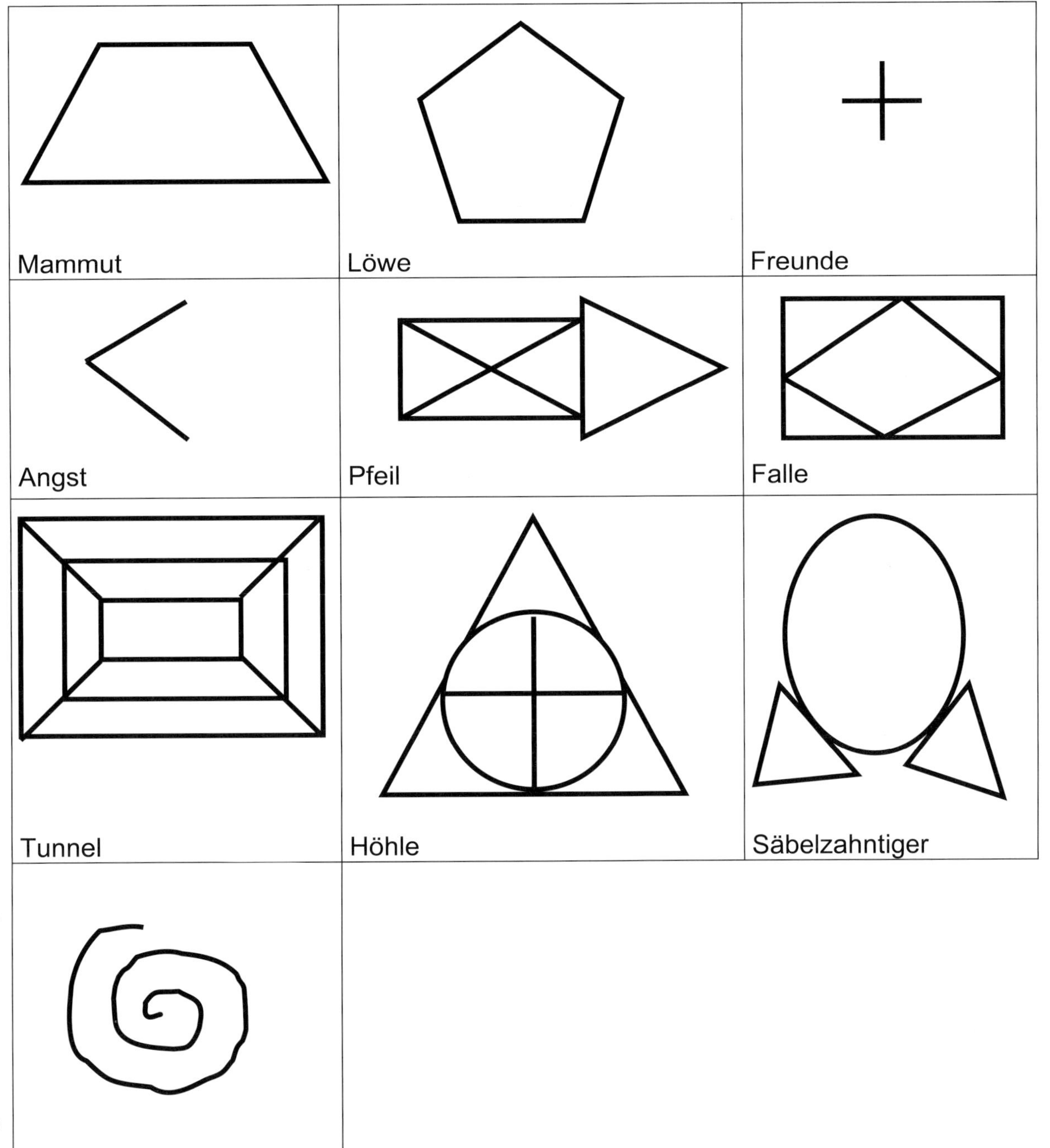

Vorlage: mögliche Bedeutungen

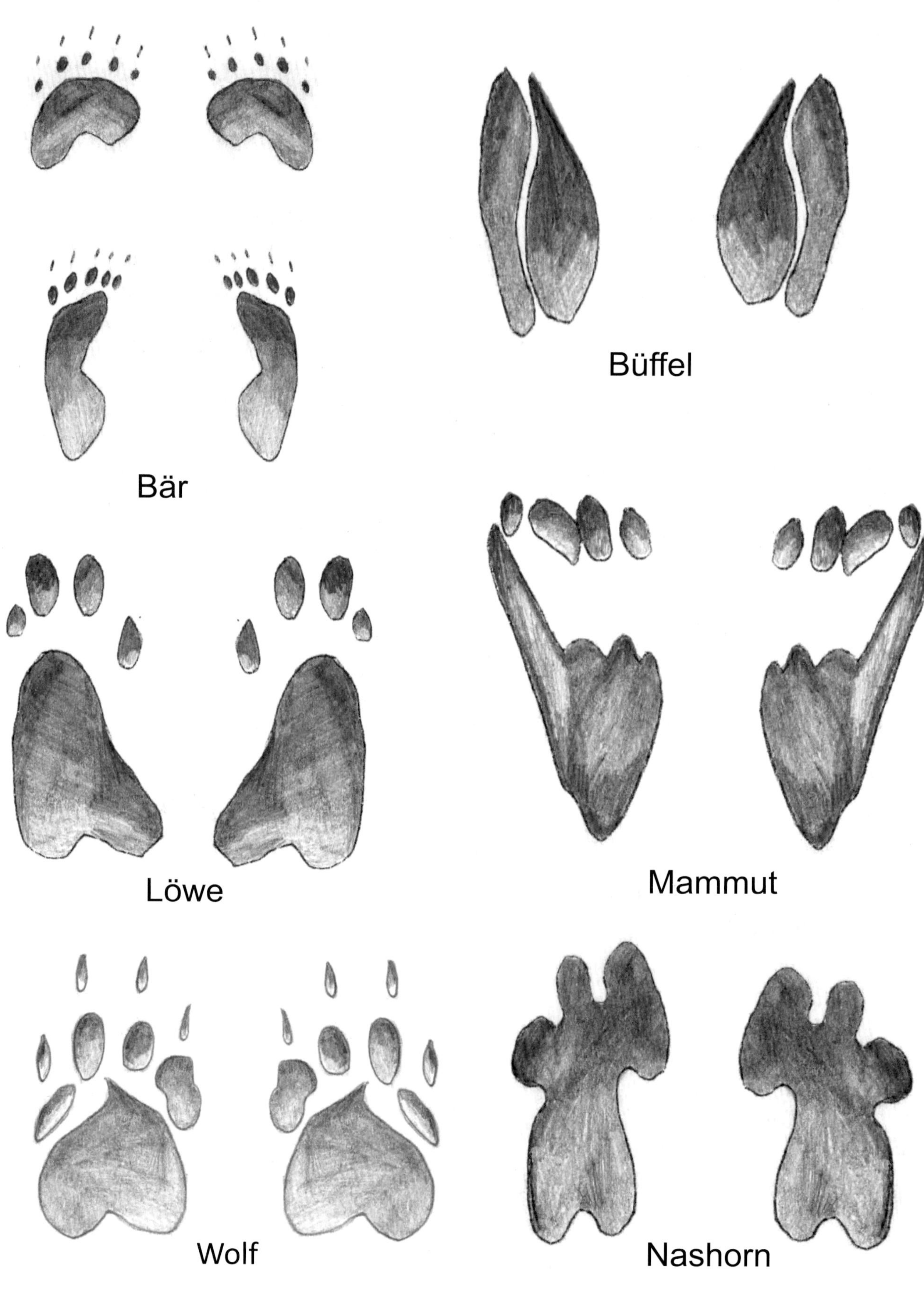

 Vorlage: Tierspuren

Acht grafomotorische Geschichten

Kurze Einführung

Die Geschichten orientieren sich an der grafomotorischen Entwicklung und sind entsprechend angeordnet. Zu jeder Geschichte existiert eine Vorlage. Die Vorlagen können beliebig erweitert werden. Die komischen Inhalte der Geschichten zielen darauf ab, eine hohe Motivation und Freude beim Zeichnen der Kinder zu erreichen. Wenn sich doch nur ein kleines Lächeln auf das Gesicht zaubern ließe!

„Oh, solch ein Dreck, der muss jetzt weg" (Striche: vor allem senkrecht) *(Vorlage 1)*

„Schweine mögen es bekanntlich, sich im Schlamm zu suhlen. Nun hatten sie sich aber in das Sauberland verirrt. Den Tieren gefielen die Schmutzfinken gar nicht. Also schickten sie ihre Elefantenlöschflieger los, um den Schmutz der Schweine zu beseitigen. Kannst Du den Elefanten helfen, möglichst viele Wassertropfen auf die Schweine fallen zu lassen?!"

„Die Skimäuse" (Striche: waagerecht, senkrecht, diagonal) *(Vorlage 2)*

„Im Mäuseland ist es Winter und die Mäuse sind gar nicht zu Hause. Wo stecken sie nur? Sie sind natürlich auf der Skipiste. Die Wolken tanzen vor Freude, damit es besonders viel schneit. Zeichne noch mehr Schneeflocken."

„Die hungrigen Hühner" (Punkte) *(Vorlage 3)*

„Die Hühner haben Hunger. Das ist kaum zu überhören. Die Bäuerin wirft mit einer Hand die Körner hoch in die Luft. Mit der anderen Hand füttert sie gezielt die langsameren Hühner. Du darfst möglichst viele Körner zeichnen, damit alle Hühner satt werden."

„Die Pfannkuchenwerfer" (Bögen) *(Vorlage 4)*

„Im Schlaraffenland gibt es von allem zu viel. Zurzeit sind die Pfannkuchenbäcker sehr fleißig und die Kinder sehr satt. Sie wollen die Pfannkuchen loswerden und werfen diese zu einer Hilfestation auf der Erde. Hilf den Kindern, die Pfannkuchen im hohen Bogen zu werfen."

„Die surfenden Ameisen" (Wellen)   *(Vorlage 5)*

„Nach langem Warten hat der Wind im Ameisenreich endlich gedreht. Alle Ameisen greifen nach ihren Surfbrettern und laufen zum Wasser. Jetzt fehlt nur noch die richtige Welle! Zeichne möglichst viele schöne Wellen für die Ameisen!"

„Die Seerosensprungwette" (kleine Bögen)   *(Vorlage 6)*

„Ein Frosch, ein Hase und ein Känguruh wetten, dass sie die schnellsten und schönsten Hüpfer seien. Es wird gelost, wo die Wette stattfindet: auf dem Teich. Du darfst die Sprünge von jedem Tier zeichnen."

„Der fliegende Ostereiermaler" (Kreise)   *(Vorlage 7)*

„Es ist kurz vor Ostern und es sind noch nicht alle Ostereier bemalt. Der Osterkorb steht oben auf dem Berg und die Eier sind noch unten im Hühnerstall. Fleißig schieben die Küken die Eier hoch und der Vogel malt schöne Kreise auf die Eier. Er ist jedoch viel zu langsam und benötigt dringend Deine Unterstützung!"

„Die Sprungfedertiere" (Spiralen)   *(Vorlage 8)*

„Stell Dir vor, dass Du an die Decke in Deinem Zimmer ganz viele Sprungfedertiere aufhängen darfst. Zeichne die Sprungfedern bis zur Decke, damit die Tiere sicher hängen und springen können. Fällt Dir auch noch ein lustiges Sprungfedertier ein?"

Grafomotorische Geschichten

Vorlage 1

   Vorlage 2

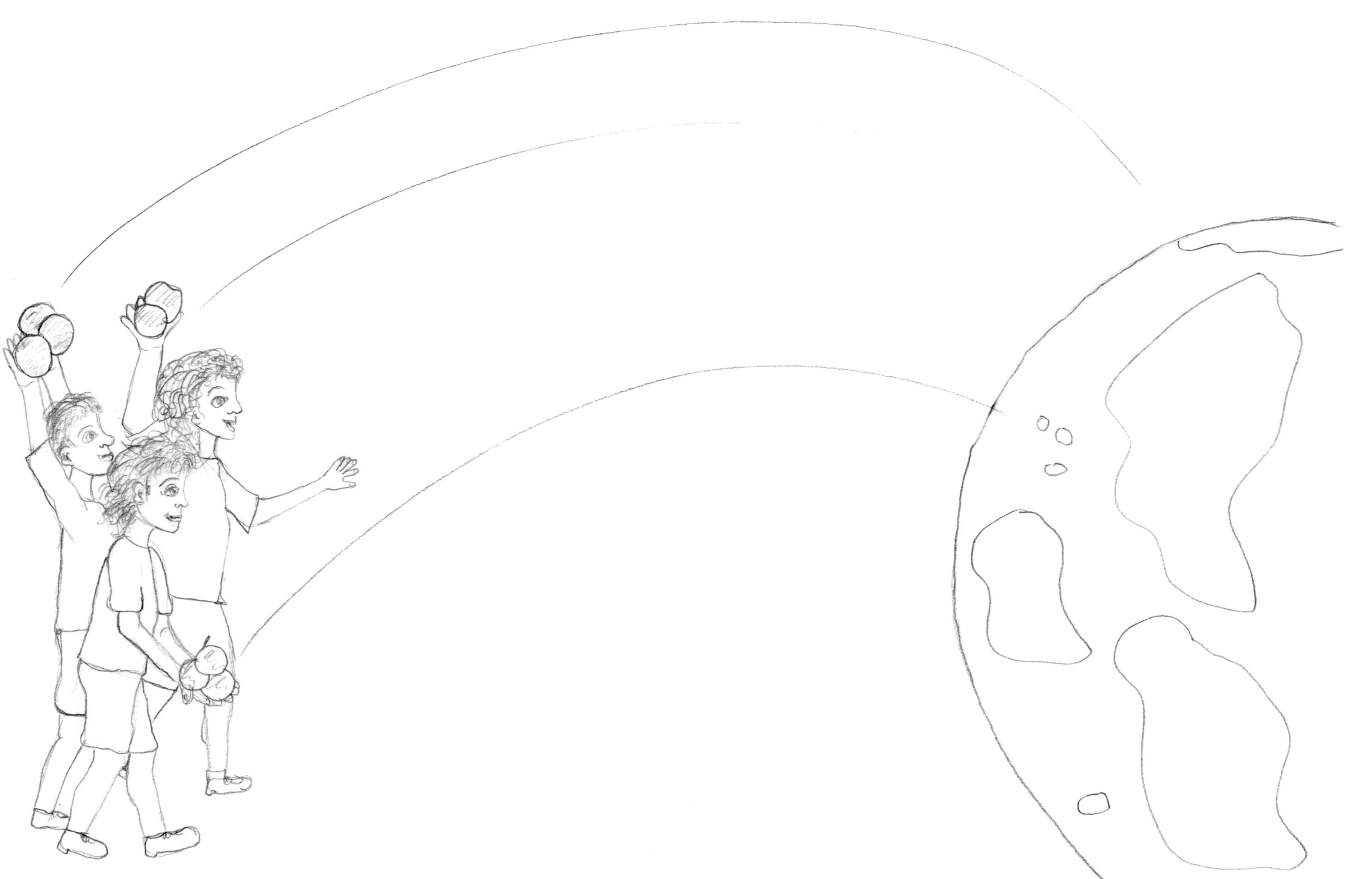

Vorlage 5

   Vorlage 6

Vorlage 7

   Vorlage 8

Erfahrungen mit Kindern aus der ergotherapeutischen Praxis

Hans – 3 ½-jähriger Junge
(Diagnose: sensomotorische Entwicklungsstörung, Koordinationsstörung)

Laut seiner Mutter und seiner Kindergärtnerin vermied Hans das Klettern, Springen und Balancieren. In der Therapiesituation war er zunächst ebenfalls zurückhaltend, tauchte jedoch schnell in die Spielgeschichten ein. Hans' Mutter war überrascht, ihren Sohn klettern (**„Inselpferd"**) und springen (**„Zaubersprünge über den Ozean"**) zu sehen. Schon bald machte er Fortschritte im motorischen Bereich, da er sich viel mehr zutraute. Selbst auf dem Trampolin, das er lange ablehnte, zeigte er schon bald die tollsten Kunststücke (**„Zirkus Topedo"**). Hans mochte gern das Hausbauspiel und wollte es jede Stunde spielen. Indem ein vollständiger Tagesablauf mit „zur Arbeit fahren" (verschiedene Transportmittel und Berufe) einbezogen wurde, ergaben sich immer wieder neue Lern- und Erlebnissituationen. Hans zeigte schon bald auch im Kindergarten und häuslichen Umfeld mehr Bewegungsfreude und -geschick.

Jonas – 5-jähriger Junge
(Diagnose: Aufmerksamkeitsstörung, Konzentrationsschwierigkeiten)

Neben Konzentrationstrainingsprogrammen, wurden bei Jonas auch die Geschichtenspiele eingesetzt. Besonders die Merkfähigkeit und Aufmerksamkeit lassen sich in Form von Parcours' beüben. Jonas war ebenfalls begeistert in die Geschichten vertieft. Die **„Steinzeitspiele"** veranlassten ihn dazu, Formen genauer wahrzunehmen und zu zeichnen. Seine Merkfähigkeit und Aufmerksamkeit konnte er spielerisch mit den **„Geschwistertieren"** trainieren. Andere Geschichtenspiele, wie das **„Inselpferd"** wurden variiert, indem das Pferd ihm zum Beispiel auditive Aufgaben gab. Zum Ende der Therapieeinheit eigneten sich die Geschichten als Belohnung.

Saskia – 6-jähriges Mädchen
(Diagnose: umschriebene Entwicklungsstörung der motorischen Funktionen, Koordinationsstörung)

Saskia stand ein halbes Jahr vor dem Schuleintritt und zeigte Auffälligkeiten im motorischen sowie im psychischen Bereich.
Ihre Stimmung schwankte stark. Eine Überprüfung der motorischen Funktionen war nur spielerisch möglich. Direkt gestellte Aufgaben verweigerte Saskia schnell und gab auf. Sie war sehr kreativ beim Erzählen von Geschichten. So gefiel ihr das Spiel rund um das **„Inselpferd"** besonders. Saskia war so vertieft in den Ablauf der Geschichte, dass sie die notwendigen motorischen Übungen (z. B. Balancieren, Schlusssprünge) mit Ruhe und Geduld ausführte. Nach einer Therapiepause erinnerte sie sich genau an dieses Spiel und baute die Geschichte nach.
Verschiedene Spielideen führten sie und ihre Mutter im häuslichen Umfeld weiter durch. Besonders intensiv übte sie die Bewegungen der **„Inseltiere"** anhand von Bildkarten. Den „Hampel-

mannsprung" zeigte sie koordinierter und den „Einbeinstand" hielt sie länger und sicherer durch. Saskia lernte neben den Therapiestunden das Fahrradfahren, nachdem sie ihre Hemmungen überwunden hatte.

Uwe – 7 ½-jähriger Junge
(Diagnose: Koordinationsstörung)

Uwe war sehr motiviert und aufgeschlossen in der Therapiesituation. Er ärgerte sich sehr bei einem Misserfolg und zeigte ein geringes Selbstvertrauen. Er gab sehr selten auf und musste in seinem Übungsdrang eher gebremst werden. Uwe fehlten eher die Anregungen. Neben anderen Übungsschwerpunkten, wurden bei ihm die **„Inseltiere"** in für ihn sinnvolle Koordinationsübungen umgewandelt. Er bekam Bildkarten mit nach Hause und übte fleißig mit seiner Mutter und auch Freunden. Uwe hatte sehr große Motivation bei den Würfelparcours' wie dem **„Sportlichen Rummel"** gezeigt. Dieser wurde auch abgewandelt mit eigenen Zeichnungen von Uwe gespielt.

  Erfahrungen mit Kindern aus der ergotherapeutischen Praxis

Fördermöglichkeiten Übersicht

	Architekt auf dem Mond	Der lustige Architekt	Die sonnenlose Stadt	Die verschwundene Katze	Die Schurken mit den Gurken	Das gefälschte Gemälde	Geschwistertiere	Titanic – Suche nach Schätzen
Perzeptiver Bereich								
– propriozeptive					×			×
– vestibuläre	×	×	×	×	×	×	×	×
– taktile	×	×		×				×
– visuelle					×		×	
Wahrnehmung								
Sensomotorischer Bereich								
– Grobmotorik								×
– Koordination			×	×	×	(×)	×	×
– Kraft- und Bewegungsdosierung			×		×			×
Feinmotorik	×	×	×		×		×	×
Grafomotorik	×	×	×					
Kognitiver Bereich								
– Aufmerksamkeit	×	×	×	×	×	×	×	×
– Konzentration	×	×	×	×	×	×	×	×
– Merkfähigkeit	×		×	×	×	×	×	
– kognitive Fertigkeiten	×	×						×
– Handlungsplanung	×		×	×		×	×	

	Post auf dem Nil	Von Station zu Station im Perserreich	Die Taubenpost in der Antike	Die reisende Flaschenpost	Der Postbote	Der tanzende Straßenfeger	Tierspurenexperte	Die Europameisterschaft der Tiere
Perzeptiver Bereich								
– propriozeptive	×	×				×		
– vestibuläre	×	×	×	×	×	×	×	×
– taktile								
– visuelle		×						
Wahrnehmung								
Sensomotorischer Bereich								
– Grobmotorik			×					
– Koordination	×	×	×	×	×	×	×	×
– Kraft- und Bewegungsdosierung	×	×	×		×	×	×	×
Feinmotorik	×	×		×	×			
Grafomotorik		×		×	×			
Kognitiver Bereich								
– Aufmerksamkeit	×	×	×	×	×	×	×	×
– Konzentration		×	×		×	×	×	×
– Merkfähigkeit			×			×		
– kognitive Fertigkeiten	×			×				×
– Handlungsplanung	×		×		×			

	Perzeptiver Bereich (Wahrnehmung)					Sensomotorischer Bereich			Feinmotorik	Grafomotorik	Kognitiver Bereich				
	propriozeptive	vestibuläre	taktile	visuelle	auditive	Grobmotorik	Koordination	Kraft- und Bewegungsdosierung			Aufmerksamkeit	Konzentration	Merkfähigkeit	kognitive Fertigkeiten	Handlungsplanung
Auf Weltreise	×	×	×	×		×	×	×	×		×	×		×	×
Die Zauberformen-kamera			×			×	×		×	×	×	×	×	×	
Abenteuerliche Sumpfwanderung in Florida	×	×	×			×	×								
Der sportliche Rummel	×	×				×	×	×		×	×	×		×	
Der verzauberte Berg		×		×		×	×				×	×			
Zaubersprünge über den Ozean	×	×	×			×	×					×			
Zirkus Topedo	×	×				×	×				×	×		×	
Das Inselpferd	×	×	×			×	×	×	×		×		×		×
Die Inseltiere	×	×			×	×	×				×	×			
Die Schatzinsel	×	×				×	×			×	×	×		×	
Wandzeichnungen erforschen	×	×				×	×		×	×	×	×	×		
Tierspuren verfolgen und Tiere jagen	×				×	×	×				×	×	×		

Literatur

- Köckenberger, H. (2007): *Bewegungsräume. Entwicklungs- und kindorientierte Bewegungsangebote und Landschaften*. Dortmund: borgmann publishing.

- Wassong, R.; Laufer, A. (2002): *Piratenschiff und Hängematte. Das Medium Spiel in der Ergotherapie*. Dortmund: verlag modernes lernen.

- Eggert, D. (2008): *Theorie und Praxis der psychomotorischen Förderung*. Dortmund: borgmann publishing.

- Hahnenberg, U.; Diephaus, Daniela (2010): *Das große Förder-Spiele-Buch 1. 2–4 Jahre*. Dortmund. BORGMANN MEDIA.

- Hahnenberg, U.; Diephaus, Daniela (2011): *Das große Förder-Spiele-Buch 2. 4–6 Jahre*. Dortmund. BORGMANN MEDIA.

- Meier C., Richle, J. (2008): *Sinn-voll und alltäglich. Material-sammlung für Kinder mit Wahrnehmungsstörungen*. Dortmund: verlag modernes lernen.

- Albers, I.; Reincke, A. (2014): *Zwei kleine Kreise gehen auf die Reise … Mal-Reime: Wie Hand und Mund sich helfen*. Dortmund: verlag modernes lernen.

- Schilling, F. (2013): *Spielen, Malen, Schreiben. Marburger graphomotorische Übungen*. Dortmund: verlag modernes lernen.

- Deister, M.; Horn, R. (2013): *Streichelwiese. Ganzheitliche Körper-erfahrung für Kinder. Geschichten, die man mit den Fingern erzählen kann*. Lippstadt: Kontakte Musikverlag.

- Wingert, G.; Vollmari, H., Legner, B. (2015): *Entspannung – pur! Fantasiereisen für Kinder und Jugendliche*. Dortmund: verlag modernes lernen.

- Holle, B. (1996): *Die motorische und perzeptuelle Entwicklung des Kindes*. Weinheim und Basel: Beltz Taschenbuch 76.